이 골목을 돌면, 빛나는 햇살이 기다리고 있을 거야.

더 좋은 날이 지금 네게 오고 있어.

매일 아침을 여는 1분의 기적

1판 1쇄 펴냄 2022년 11월 10일
1판 2쇄 펴냄 2023년 10월 25일

글 김종원 그림 이이오 **발행인** 김병준 **편집** 박유진 **마케팅** 김유정·차현지 **디자인** 권성민·최초아 **발행처** 상상아카데미 등록 2010. 3. 11. 제313-2010-77호 주소 서울시 마포구 독막로 6길 11(합정동), 우대빌딩 2, 3층 **전화** 02-6953-8343(편집), 02-6925-4188(영업) **팩스** 02-6925-4182 **전자우편** main@sangsangaca.com **홈페이지** http://sangsangaca.com

ISBN 979-11-85402-65-9(00190)

MIRACLE MORNING

삶이 기적이듯, 당신도 기적이다.

글 김종원

매일 아침 자신에게 '기적'을 선물하는 사람이 많아지기를 바라는 마음으로 쓴 일력입니다. 그저 '아침에 조금 일찍 일어나기만 하는 삶'이 아니라, '늘 똑같은 삶에서 벗어나 최고의 자신이 되는 법'을 구체적으로 알려주는 내용으로 가득합니다. 모든 사람에게는 좋은 환경과 자본을 뛰어넘는 '아침'이라는 기회가 있습니다.

저서로는 『부모의 말』『내 아이를 위한 30일 인문학 글쓰기의 기적』『어린이를 위한 30일 인문학 글쓰기의 기적』시리즈, 『하루 한 장 365 인문학 달력』『아이를 위한 하루 한 줄 인문학』등 65여 권이 있습니다.

- 인스타그램   @thinker_kim, @thinkerkimjw
- 유튜브   김종원 작가
- 페이스북   jongwon.kim.752
- 카카오스토리   thinker
- 네이버 블로그   yytommy

31

December

지금 당신을 힘들게 하는 것들,
보기 싫은 사람들의 표정과 기억,
아팠던 순간의 기록과 감정,
슬픔과 고통만 가득했던 과거의 어느 순간까지.
하나도 남기지 말고 여기에 모두 버려라.
아름다운 변화는 이제 당신의 것이니
조금도 의심하지 말고 앞으로 나아가라.
당신이 희망이고 당신이 기적이다.

그림 이이오

낮에는 화실에서 어린이들을 가르치고, 밤에는 일러스트레이터로 활동
하고 있습니다. 반려견 후추와 산책하며 만나는 일상의 순간을 그림으로
기록합니다. 저서로는 『일상을 담는 아이패드 드로잉』 이 있습니다.

- **인스타그램**   @illustrator_225
- **네이버 블로그**   mj8372

포기는 대개 성공을 눈앞에 두고 일어난다.

많은 인생의 실패자들은 포기할 때

자신이 성공에 얼마나 가까이 와 있었는지 모른다.

일단 시작하라.

그리고 멈추지 마라.

그럼 성공할 수밖에 없다.

차 례

성공이란 결과로 측정하는 것이 아니라,

그것에 들어간 노력의 합계로 따져야 한다.

결과는 유혹에 약해서 때로 인간을 배신하지만,

노력은 결코 인간을 배신하지 않는다.

January **철학**

오래된 나를 벗어나는 시간

"왜 아무도 나를 인정하지 않는 거지?"
이런 시선은 아무런 도움이 되지 않는다.
그대가 먼저 그대 자신을 선택하라.
그대가 자신을 강력하게 추천할 수 있을 때,
비로소 세상을 무대 삼아
그대의 재능을 마음껏 연주할 수 있다.

1

한 시간에는 1분이 60개 있고,
하루에는 무려 천 개가 넘는 1분이 있다.
잠시도 자신의 가능성을 잊지 말아라.
지금이라도 1분만 시간을 낸다면,
당신은 무슨 일이든 할 수 있다.

27

December

끝나서 기쁜 일이 아니라,
시작해서 기쁜 일을 찾아라.
끝나서 편안한 일이 아니라,
시작해서 마음 편해지는 일을 하라.
끝나서 다행인 일이 아니라,
시작할 수 있어서 다행인 일을 발견하라.

머리에서 가슴까지
가는 길이 가장 멀고,
현재에서 어제로 가는 길은
측정이 불가능할 정도로 아득하다.
후회만 가득한 인생이 되지 않으려면
머리에서 생각한 것을 지금 당장 실천하라.
그것이 당신의 인생을 가장
값지게 쓰는 방법이다.

26

December

예쁘게 말하면
예쁜 미래가 오고,
좋은 마음으로 바라보면
좋은 사람이 찾아온다.

말하기보다 침묵하는 법을 배워라.

고요한 마음이 주변의 영감을 흡수하게 하라.

원하거나 욕망하는 것이 아닌,

들리는 소리 그대로를 들을 수 있도록.

가장 지혜로운 사람은 깊은 침묵에서 배운다.

25

December

희망은 본래 빛에서 태어나는 것이 아니고,
앞이 보이지 않는 어둠 속에서 태어나
스스로 자신을 찬란하게 빛낸다.
어두운 곳에 있더라도
늘 자신에게 희망을 들려주자.
오늘, 가장 행복한 하루를
자신에게 선물하자.

이 힘한 세상에서
중심을 잡고 살기 위해서는
'내가 원하면 하늘의 별도 떨어지게 만들 수 있다.'는
강력한 생각의 힘을 갖고 세상을 상대해야 한다.

24

December

나는 최선을 다하는
나만의 방식을 사랑하고,
그 결과가 뭐든 기쁘게 생각한다.
나의 어제는 오늘의 자부심이다.

5

January

멋지게, 오랫동안 행복하게 살고 싶다면,
혼자를 견디며 함께 행복할 시간을 준비해라.
그리고 힘들 때마다 기억하자.
"나는 외롭게 혼자 남은 것이 아니라,
가장 따뜻한 혼자를 선택한 것이다."

23

December

시간을 우습게 보며
소중한 하루하루를 낭비하며 살다가는,
어느 순간 자신도 모르게
돌이킬 수 없을 정도로 늙고 볼품없는
스스로를 마주하게 될 것이다.
"나는 이미 늙었는데."라고 말하지 말고
오늘 하루를 소중하게 보내는 데 마음을 써라.

인생에서 무언가를
실천하지 못한 사람은 '변명'을,
실천한 사람은 '증명'이라는 단어를
자신의 일상이라는 꽃밭에 심게 된다.
'변명'이라는 꽃은
대지를 박차고 나와 꽃을 피우지 못한다.
그 꽃은 땅속에서도 여전히
너무 어둡다는 변명만 하고 있기 때문이다.

세상은 공평하게 움직이지 않는다.
세상에서 가장 공평한 것은
자기 자신을 움직이는 일상에 있다.
세상이 공평하지 않다고 생각할수록 더 많이 움직여라.
우리는 말이 아닌 실천으로
불공평한 것들을 공평하게 만들 수 있다.

지금도 수많은 사람들이 매일 무언가를 한다.
그중에 멈추지 않고 성장하는 사람에게는
특별한 철학이 있다.
"일단 하나를 제대로 하자."
그 하나에서
또 해야 할 하나가 나올 것이다.

21

December

진리는 깊숙한 곳에 자신을 숨기고 있어서
대부분 쉽게 찾아낼 수 없다.
모든 이가 껍데기에서 머물 때
그는 가장 깊숙한 곳까지 들어와,
어떤 세찬 바람에도 영향을 받지 않는다.
진리는 자신을 추구하는 사람에게만
안정과 평화를 선물한다.

인생을 원하는 대로 바꾸고 싶다면,

당신이 마주하는 공간과 당신이 자주 펼치는 생각,

그리고 입에서 나오는 언어를 바꿔라.

힘들어도 가장 멋진 것을 부르자.

오늘은 어제 당신이 부른 현실이고,

내일은 오늘 당신이 부르고 있는 현실이다.

20

December

겨우 1분이라고 그냥 스치는 사람도 있지만,

1분 동안 할 수 있는 일을 찾아

1년을 투자한다는 마음으로

1분을 전력을 다해 빛내는 사람도 있다.

모든 사람의 인생은 1분으로 이루어져 있다.

슬픈 일을 앞에 두고 웃는 법을 배우지 못한다면,
당신은 앞으로 살아가며 자주 고통에 시달릴 것이다.
어떤 일이 당신을 괴롭혀도 웃어라.
웃는 얼굴에는 슬픔이 자리 잡지 못하니까.

젊음은 아직 몰라서 두렵고
노년은 이미 알아서 두렵다.
언제든 두려운 건 마찬가지다.
다만 그때나 지금이나 시작하는 자만이
결국 원하는 지점에 도착한다.
자신에게 가장 좋은 선물을 주고 싶다면,
지금 뭐든 시작하라.

뭐든 잘 되는 사람의 비결은 기적이 아니다.

그들은 안 될 가능성과 요인을

하나하나 섬세하게 도려낸 후

가능성만 남긴 사람들이다.

자신의 가능성만 남겨라.

세상은 그걸 기적이라고 부른다.

18

December

우리를 성공으로 이끄는 삶의 무기는
대부분 좋은 실패에서 나오고,
좋은 실패는 나쁜 실패로부터 나온다.
세상에 결코 쓸모없는 실패는 없다.
실패를 두려워하지 마라.

그대가 착한 사람인 척하며 불법을 저지르면
가식을 들춰서 비난하는 사람을 만날 것이고,
사람을 이용해서 무언가를 성취하려고 하면
당신을 이용하려는 더 무서운 사람을 만날 것이며,
더 많은 대접만 받으려고 하면
더 많은 원망을 퍼붓는 사람을 만날 것이다.
내가 현재 받는 고통은
내가 바라보는 헛된 목표가 준 벌이다.

17

December

세계에서 가장 멋진 묘지라고 할지라도
거기에 누워 있는 사람이 되는 것보다는,
힘들고 지친 일상과 몸이지만
매일 아침 침대에서 일어나
내 힘으로 뚜벅뚜벅 걷는 나날이 행복하다.
희망이 없다고 하지 말자.
살아 있다는 것이 최고의 희망이다.

12

January

당신은 지금 시작할 수도 있고

내일 시작할 수도 있다.

선택은 자유다.

분명한 사실은

당신은 오늘을 살고 있다는 것이다.

16

December

여유가 생긴 뒤에 남을 도우려 하면
결코 그런 날은 오지 않을 것이고,
여유가 생긴 뒤에 책을 읽으려 하면
결코 그런 기회는 없을 것이다.
변화의 기회는 언제나 그걸 결심한 현재에 있다.

성장은 실패를 든든하게 지지해주는 줄기이고,

성공은 실패를 포근하게 감싸주는 꽃이다.

자주 시작하고 자주 실패하라.

당신이라는 정원이 아름다운 꽃밭이 될 수 있게.

자신의 성공을 확신하라.

멋진 변화와 근사한 결과를 확신하라.

승리를 확신하는 자의 성에는

어떤 유혹과 악마도 침범할 수 없다.

우리는 누구나 살아가면서 거대한 벽을 만나 방황한다.

그건 결코 슬프거나 아파할 일이 아니다.

거대한 벽과 상대할 만큼

당신이 크게 성장했다는 사실을

선명하게 증명하는 일이기 때문이다.

그것을 넘을 자격이 있어서,

그것이 눈앞에 있는 것이다.

우리는 결국 믿는 대로 살게 된다.
세상이 점점 좋아지고 있다는 믿음과
모든 일이 좋은 방향으로 흐른다는 믿음은
아름다운 변화를 위한 필수조건이다.

15

January

하나하나 새로운 경험을 쌓으면서
우리는 지식을 얻을 수 있고,
하나하나 쌓았던 지식을 버리면서
우리는 지혜를 얻을 수 있다.

큰 노력과 시간이 필요한 일일수록

지금 자신에게 가장 절실한 것일 가능성이 높다.

우선순위에서 가장 높은 곳에 있는 것이

언제나 당장 이루어지기 힘든 일인 이유도

그것을 극복해야 더 큰 내가 될 수 있기 때문이다.

열정은 일시적으로 타오르는 불꽃이 아니라
오랫동안 지지 않고 향기를 전하는 꽃이어야 한다.
그런 삶을 사는 사람들은 실수를 거부하지 않고
온전히 인정하며 자신의 향기를 지켜낸다.
실수를 바로잡고 싶다는 마음의 태도가
열정의 향기를 끝까지 유지할 수 있게 해준다.

12

December

자신이 정한 결론을 죽는 날까지
유지하는 것은 어리석은 일이다.
지극히 공들인 인생도 실패와 착오가 섞여 있다.
나이가 든다는 것은 변한다는 말과 같다.
지혜로운 사람으로 살고 싶다면
옳은 것을 추구하며 끝없이 변해야 한다.

시작한 사람은 결국 도착한다.
그러니 시작했다면 걱정하지 마라.
아무리 힘들어도 포기하지만 않는다면
결과와 성과의 획득은 시간 차이일 뿐이다.
당신에게는 곧 도착할 일만 남았다.

"지금 하고 싶은 것을 지금 하자."
"꼭 해보고 싶었던 것을 잊지 말고 하자."
"변화를 추구해야 할 때 반드시 변화하자."
오늘 이 세 가지를 시작하면
모든 것을 바꿀 수 있다.

18

January

가장 빠르고 쉽게 자신을 바꾸고 싶다면

매일 아침 1분에 집중하라.

결국 삶은 끝없는 1분의 합이다.

떠나려는 사람은 함께한 순간의 좋은 기억만 남기고
자신의 삶을 찾도록 보내주는 게 좋다.
나를 좋아하는 사람이 천 명이면
나를 싫어하는 사람도 천 명인 것이,
곧 진리이며 자연의 법칙이다.
갈 사람을 풀어줘야 당신도 자유롭다.

불공평하다는 생각은
우리의 성장과 변화에 별 도움이 되지 않는다.
분투하는 자신에게 좋은 마음을 선물하자.
'좋은 마음'을 담고 살아야,
'가능성이라는 희망'을 키울 수 있다.

9

December

1분의 변화는 눈에 띄지 않는다.

하지만 모든 변화는 복리로 작용하며

그 변화를 오랫동안 품은 사람은

상상도 못한 근사한 미래를 선물로 받는다.

20

January

누구나 자기 삶에서 성장할 힘을 가지고 있으며,
중요한 건 그걸 변함없이 믿고
마음으로 응원하는 사람의 존재다.
진실한 믿음은 누군가에게 전해져 실력이 되고,
그걸 받는 마음에서 최고의 지성이 탄생한다.

8

December

알고 있지만 아직 못했다는 말은
아직 잘 모른다는 말과 같다.
제대로 알면 하지 않을 수 없다.
안다는 것은 실천까지 동반한 '동사'이다.

당신은 지금 누군가에게 무언가를 주고 있는가
아니면 무작정 달라고만 하고 있는가?
아무리 친한 사이라도
세 번 달라고 부탁해서
멀어지지 않을 사람 없고,
아무리 원수 같은 사이라도
세 번 주어서 친해지지 않을 사람 없다.
멋진 관계는 정성을 주며 만드는
마음의 예술이다.

7

December

배우 오드리 헵번은 이렇게 말했다.
"나는 나를 웃게 하는 사람들을 사랑한다.
내가 가장 좋아하는 일은 웃는 일이다."
만약 당신이 슬플 때 웃을 수 있다면
얼굴에서 슬픔을 몰아낼 수 있고,
주변을 좋은 사람으로 가득 채울 수 있다.
힘든 삶에 잠시 쉼을 주는 웃음을 즐겨라.

"실제 내 모습을 알게 되면,
많이 실망해서 다들 떠날 거야."
"이렇게 슬프고 힘든 일이 많고,
언제나 지쳐 있는 사람을 누가 좋아하겠어?"
이제, 고민하거나 두려워하지 말고,
당신의 진짜 모습을 당당하게 보여줘라.
세상에 당신보다 멋진 사람은 없으니까.
당신의 슬픔까지 안아주는 사람을 만나라.

6

December

세상에서 가장 어리석은 변명은
'시간이 없어서.'
희망까지 지우는 가장 불행한 변명은
'다들 그렇게 살아.'

스스로 주체할 수 없을 정도로 돈이 많음에도
주변 사람에게 인색하지 않다면,
그는 단순한 부자가 아니라
숭고한 정신을 가진 사람이다.
언제나 고결한 정신을 유지하자.
그것이 곧 더 나은 나를 만드는 기적이다.

지금 당신이 무언가를 갈망하고 있거나
매우 힘든 상황이라면,
그건 결과를 내기 위해 반드시 필요한
선물과도 같은 과정이라고 단언할 수 있다.
과정이 남들보다 힘들다는 것은
당신이 꿈꾸는 결과가 위대하다는 증거이며,
다 포기하고 싶을 정도로 괴롭다는 것은
포기할 수 없는 가치가 있다는 반증이다.
지금 힘들다면, 잘하고 있는 거다.

24

January

슬픔과 혼란, 분노와 원망 등 당신을 괴롭힌
모든 힘든 감정들은 모두 승리와 권력,
명성과 이익 등의 결과를 만나기 위한 과정으로
바람처럼 스쳐갈 것이다.
또한 당신이 얻은 온갖 빛나는 가치는
영원하지 않으며, 세상이 당신에게
잠시 선물한 것임을 기억해야 한다.

4

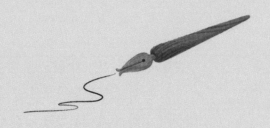

아무리 사람들에게 좋은 영향을 주는 것이라고 해도
세상은 이를 쉽게 받아들이지 않는다.
좋은 아이디어, 좋은 규칙, 좋은 콘텐츠
모두 저절로 되는 것은 없다.
좋다고 여기는 만큼
끝까지 알리려고 노력해야만 '좋음'을 전할 수 있다.

무엇을 해야 하는지 알 수 없을 때는
마음이 시키는 직관을 따르라.
당신의 마음은 당신이 무엇을 원하는지
누구보다 가장 잘 알고 있다.

외롭다고 자꾸 무리에 섞이려고 들지 마라.

혼자서도 외로운 사람은 둘이 있어도 외롭다.

먼저 아름다운 혼자가 되자.

스스로의 힘과 가능성을 믿고 기다려라.

사람들 사이에서 자신을 내버려두어도

당신은 점점 아름다워질 것이다.

26

January

다른 사람의 말을
조금이라도 바꿔 말하는 사람을 조심하라.
말은 아주 조금만 바꿔도
전혀 다른 의미로 변하기 때문이다.
그는 지금도 당신이 한 말을
바꾸고 있는 중일 수 있다.

2

December

당신은 자신이 생각한 것을

지금 할 수도 있고 하지 않을 수도 있다.

다만 당신에게 오늘 어떤 변화가 있었다면

그것은 당신이 어제 새로운 시도를 했다는 것을 의미한다.

변화는 오직 지금 시도하는 자만의 특권이다.

세상에는 스스로 자신이 깨끗하다고 말하지만
실제로 깨끗하지 못한 사람도 있고,
스스로 정의와 도덕을 추구한다고 말하면서도
자신에게는 적용하지 않는 사람도 많다.
사람의 마음은 오랫동안 바라봐야 알 수 있다.

1

December

고개를 들 수 없는 현실에 아파하지 말고,
지난날을 멋지게 견딘 자신을 존경하라.
자신감이라는 가치는 사라지지 않으니
숨길 수도 없는 고통을 이겨내고 꿋꿋이 가라.
자신만 믿으면 뭐든 이룰 수 있다.
된다. 된다. 나는 된다.

깊고 진한 인생은 스스로 선택하는 것이며,
그 선택은 당신을 오랫동안 빛낼 것이다.
새로운 나를 만나고 싶다면,
오래된 나를 떠나라.

December **변화**

현재의 나를 미래의 나로 바꾸는 시간

오래된 생각에서 벗어나라.

세상이 원래 그런 것이 아니라

당신의 생각이 원래 그런 것이다.

세상 어떤 곳에도 원래 그런 것은 없다.

30

November

세상과 주변을 바꾼 사람들은
누구도 자신을 중요하게 생각하지 않던 시절에도
자신의 가능성을 한순간도 의심한 적 없이
일상의 고독을 사랑했던 자들이다.
그대 자신을 믿어라.
그것이 최고의 재능이다.

견디기 힘든 모든 고통과 슬픔은
가장 좋은 날을 위한 하나의 과정일 뿐이다.
희망은 불행을 견딘 쟈의 몫이고,
기쁨은 아픔이 지나면 선물처럼 찾아온다.
힘든 나날이지만, 믿고 또 믿어라.
"나의 모든 것은 더 좋아지고 있다."

29

November

시련과 역경이 없는 삶에는 가치가 없다.
곳곳에 흠집이 난 다이아몬드가
오히려 더 다양한 곳으로 빛을 퍼뜨릴 수 있다.
시련과 역경은 내 안에 존재하는 빛을
세상에 전파하는 희망의 통로다.

돌부리에 걸려 넘어졌을 때

신세를 한탄하며 주저앉는 사람이 있고,

넘어진 이유를 분석하며 연구하는 사람도 있다.

물론 두 사람 모두 또 실패할 수 있다.

분명한 사실은 후자의 실패는

이전보다 조금 더 나아졌다는 것이다.

더 나은 실패가 더 나은 내일을 만든다.

아름답게 사는 방법은 어렵지 않다.

더 힘든 사람을 포근히 안고,

더 아픈 사람에게 다가가

그의 기댈 어깨가 되어주어라.

사랑과 행복은 마음 먹은 만큼 줄 수 있다.

February **루틴**

최고의 변화를 만드는 루틴을 창조하는 시간

미묘하고 복잡한 인생을 살아가면서
오해를 풀거나 비난에 대처하는 것도
물론 중요한 일이지만,
그것보다 더 자신을 자주 돌아보는 데 힘써라.
타인에게 분노하고 화낼 시간을 아껴서
저 깊은 어둠 속에서 벌벌 떨고 있는
그대 자신을 지키는 데 투자하라.

1

February

미움도 사랑도 결국은 루틴이 결정한다.
사랑의 눈으로 타인과 세상을 볼 수 있도록
어제보다 오늘 더 자신을 사랑하라.
사랑만이 삶을 더 아름답게 만들 수 있다.

26

November

세상은 언제나 일방적인 주장으로 우리를 흔든다.

"넌 왜 그렇게 예민하니?"

"그렇게 까다롭게 굴면 살기 힘들다."

그러나 그들의 말은 그저 그들의 생각일 뿐이다.

세상은 그대가 가진 가치를 제대로 알지 못하며,

그대의 삶은 그대 스스로 정의해야 한다.

나는 나라서 예쁘고 아름답다.

같은 언어와 행동을
한 달 동안 반복하면 '루틴'이 되고,
일 년을 반복하면 바꿀 수 없는 '천성'이 된다.
부자가 되고 싶거나 큰 꿈을 이루려는 사람들이
가장 많이 선택하는 언어와 행동은,
'나는 할 수 있다'는 강력한 언어와
'이미 그렇게 된 것처럼' 보여주는 행동이다.

지금 모든 것을 다 가질 필요는 없다.

어제의 나에게 부끄럽지 않은 오늘을 보냈다면,

내가 만난 오늘의 나는 내일의 나에게

최고의 인맥이 되어줄 것이다.

공들인 하루가 쌓여

언젠가 내가 원하는 자리에 설 것이다.

인생은 매번 선택의 연속이고,
작은 선택이 모여 바꿀 수 없는
견고한 현실을 창조한다.
일시적인 기쁨을 주는 달콤한 유혹에서 벗어나
영원한 가치를 아는 근사한 삶을 추구하라.
만약 선택의 순간이 혼란스럽다면,
단 하나만 기억하고 실천하라.
더 영원한 것을 보라.

24
November

우리는 모두 무언가를 보고 있지만
스치듯 보거나 막연하게 볼 뿐,
치열하게 바라보지 못할 때가 많다.
당신의 인생을 바꿀 기적은
지금도 곁에서 자신을 찾아주길 기다리고 있다.
뚫어지듯 유심히 보라.

4

February

스스로 원하는 방향을 알 때,
루틴도 그 방향으로 나아가기 위해
자신을 바꾸며 당신을 돕는다.

23

November

사람은 자신이 품은
생각의 크기만큼 성취한다.

대화를 나누다 보면 상대의 다양한 버릇을 발견하게 된다.

'사실', '솔직히' 등의 언어 습관을 가진 사람이 있는가 하면

다리를 떨거나 허공을 응시하는 버릇을 가진 사람도 있다.

중요한 건 그 모습까지도 사랑스러운 사람을 만나

대화를 나누는 것이다.

그것마저 좋아서 늘 웃으며 바라볼 수 있다면

그들의 대화에서는 언제나 사랑과 행복만

가득할 것이기 때문이다.

무언가를 거절해야 할 상황에서는

타인의 감정보다 자신의 내면의 크기를 살펴야 한다.

자신에게 견딜 만한 힘이 있는지 먼저 살피고,

그다음에 타인의 감정을 바라보라.

순서가 바뀌면 삶이 바뀐다.

때로 서툰 수락은 나쁜 거절보다 위험하다.

6

February

반복되는 일상에 집중하며

매일매일 스스로 납득할 수 있는 하루를 보내라.

아무리 세상이 뭐라고 간섭해도

자신에게 당당한 하루를 살면

그것으로 충분하다.

21

November

내면의 소리를 적는 노트를 하나 만들어,

가장 값진 말만 기록하자.

타인의 말도 마찬가지다.

기록할 가치가 없는 말은 바로 차단하는 게 좋다.

그 시간은 역사로 남아 당신이 얼마나

스스로의 삶에 집중하며 살았는지 증명해 줄 것이다.

7

February

때론 스쳐 지나가는 사람보다
사랑하는 사람이 더 미울 때가 있다.
아무런 기대도 하지 않았던 사람보다
굳게 믿었던 사람에게 더 실망할 때가 있다.
어둠이 짙으면 빛이 더 밝아보이는 것처럼
희망은 어둠 속에서 시작함을 기억하라.

가난하다는 것은 부끄러운 일이 아니다.
사랑하는 이에게 더 좋은 것을 당장 주지 못해서,
여기저기 더 많이 나누며 살고 싶은데
그걸 당장 하지 못해서,
조금 미안하고 약간 불편할 뿐이다.
마음의 여유를 잃은 사람이 진짜 가난한 자다.
스스로 여유를 잃지 않는다면,
곧 반가운 빛이 찾아올 것이다.

인생 2막을 아름답게 만들 근사한 성장은
현실의 반복을 통해 조금씩 이루어진다.
지금 할 수 있는 일을 지금 하는 사람만이
지금 할 수 없는 일을 조만간 할 수 있게 된다.

19

November

잘되는 사람은 철저히 자신에게 집중한다.

아무도 자신을 믿지 않아도 흔들리지 않는다.

자기 내면에 있는 강력한 믿음이

흔들리는 몸을 꽉 붙잡으며

앞으로 나아가기 때문이다.

9

February

뭐든 새롭게 시작한 사람은
설령 그것이 실패로 돌아간다고 해도
그것을 향한 강한 열정을
전파하며 살아갈 수 있다.
시작한 자는 언제 어디서든 뜨겁다.
그는 자신에게 태양을 선물한 사람이니까.

먼 미래만 생각하는 것은
오늘의 일상에 집중하고 있지 않다는 사실을 증명한다.
가장 가치 있는 요구는 바로 오늘에 있다.
보이지도 않는 먼 미래는 훗날의 자신에게 맡기고,
매일 조금씩 내면의 무게를 늘리는 데 집중하자.

10

대부분의 사람들이 주관에서 쉽게 벗어나기 어렵다.
때로는 조금도 벗어나지 못했음에도
스스로 벗어났다고 착각하기도 한다.
그럴수록 타인을 조금 더 이해하려고 노력해 보자.
그 노력이 객관적인 시각을 기르게 해줄 것이다.

17

November

"나만 나를 제대로 평가할 수 있다."
강한 내면의 소유자는
이 사실을 누구보다 잘 알고 있다.
자신에 대한 평가를 타인에게 맡기지 마라.
자신을 가장 잘 아는 사람은 자기 자신이며
나만 내게 정당한 가치를 줄 수 있다.

지금 무언가를 시작하는 사람은
그 길이 아무리 멀고 험해도,
출발하면 반드시 도착한다는 사실을 알고 있다.
스스로 시작하고 스스로 끝내라.

16
November

아름다운 가치를 추구하며 사는 삶은 소중하다.

정의와 평화를 위해 사는 것도 좋지만,

그보다 먼저 내면의 평화를 추구해야 한다.

자신의 일을 통해 세상에 기여하는 것도 좋지만,

그 일이 자기 자신의 행복에 기여하는 것이 우선이다.

그 일을 하면서 스스로 행복하다면,

그것이 바로 세상의 평화에 기여하는 것이다.

12

February

우리는 결국 자주 만나는 사람들의 습관과
생각하는 방식을 닮아가게 된다.
지금 꿈꾸는 내 미래의 모습이 있다면
그 모습으로 오늘을 사는
사람들 곁에 머물러라.

15

November

좀 더 자주 웃고
좀 더 자주 경청하라.
밝게 웃으며 경청하는 사람을
굳이 마다할 사람은 세상에 없다.

외모가 멋지면 참 좋지만,
외모만 멋진 사람은 전혀 부럽지 않다.
외모가 주는 매력은 조금 떨어져도
자신의 두 눈을 어디에 집중해야 하는지,
두 발로 어디를 향해 걸어가야 하는지,
자신의 길을 제대로 알고 있는 사람만이
진실로 멋지다는 것을 기억하자.

14
November

겸손은 사람을 머물게 하고,

칭찬은 사람을 가깝게 한다.

넓은 내면은 사람을 따르게 하고,

깊은 내면은 사람을 감동시킨다.

바뀌지 않는 상대를 탓하지 말고,

그 수준에 도달하지 못한

자신의 현실을 바라보며 깨우쳐라.

다른 지점을 바라보고 싶다면

다른 시선으로 이동해야 한다.

가끔은 마음 통하는 사람이 그립다.
따스한 품, 포근한 말과 눈빛,
행복을 주는 누군가의 마음이 그립다.
그저 누군가의 품에 아무런 이유 없이
마음껏 안기고 싶을 때가 있다.
그러니 사랑한다면 지금 바로 고백하라.

새로운 책을 접하면 먼저 향기부터 맡아라.

시대를 대표하는 좋은 책은 향기부터 다르다.

기업의 상품과 예술가의 작품도 향기를 지니고 있으며,

영혼이 깃든 것의 향기는 확연히 다른 향기를 뿜는다.

포장은 모방해도 영혼의 향기는 모방할 수 없다.

우리가 평생 사랑하는 사람을 찾아다니듯

평생을 반복하며 살아야 할 일 역시 마찬가지다.

언제 그것을 발견할 수 있을지 몰라도

멈추지 않고 사랑하는 일을 찾아야 한다.

12

November

생각만으로도 이미 가슴이 벅차오르는,

당신을 자랑스럽게 여기는 사람을 자주 만나라.

가서,

서로에게 가장 자랑스러운 사람이 되자.

16

February

우리에게는 모두
일상이라는 자산이 있다.
어떤 일이든 365일 매일 반복하라.
그것이 당신의 삶을 지켜낼 무기가 되어줄 것이다.

11

November

타인을 향한 비난이나 각종 악성 댓글 등
남의 입에 오르내리기 좋은 상황은
대부분 개인이 쉽게 바꿀 수 없다.
남이 말하기 좋은 일은 바깥에 버리고,
행동하기 좋은 일만 내면에 담자.
세상이 그대를 못살게 할수록
그대는 더욱 자신을 위해서 살아라.

계획한다는 것은
자신의 한계를 정해버리는 것과 같다.
짐작을 벗어날 정도의
더 큰 자신으로 살아가는 사람들은
계획표를 던져버리고 온전히 하루를 불태운다.
당신의 하루에 당신이 가진 모든 것을 걸어라.
최고의 계획은 당신의 일상 안에 있다.

10

November

거센 비바람이 지나가지 않는 인생은 없다.
지나갈 때는 많이 힘들고 아프지만
풀잎에 맺힌 물방울이 비바람의 흔적을 기억하듯
우리 내면은 비바람을 거치며 더욱 강해지고
그 시간들이 있어 이전과는 전혀 다른 사람이 된다.

18

February

나쁜 마음은 언제나 우리를 노리고 있다.

나쁜 마음이 99번 들면 100번 좋은 생각을 해야

나쁜 마음을 이겨낼 수 있다.

좋은 것을 더 자주 꺼내는 사람이

더 좋은 삶을 살게 된다.

9

November

세월이 흐를수록 더 단단한 자신이 되고 싶다면,
이 세 줄을 가슴에 품고 자주 들춰보아라.
"여기 지금, 무언가 있다.
나는 내게 주어진 일상에서
소중한 흔적을 꼭 남길 것이다."

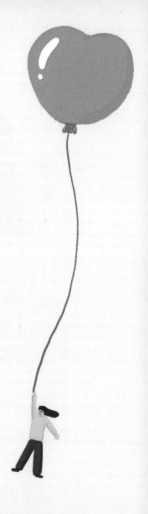

모든 사람의 사랑을 받을 때나
그렇지 않을 때나,
일이 잘 풀려 행복할 때나
모든 게 미워질 정도로 불행할 때나,
언제나 내 모습 그대로를 사랑하라.
어제의 나도 사랑해야 흔들리지 않는다.

몸과 내면을 분리해서 혼자를 즐길 수 있는 사람,
자신이 언제 웃고 어디에서 행복한지 아는 사람,
사랑할 때 어떤 표정인지 거울보다 잘 아는 사람,
그런 사람은 둘이 될 때 더 근사하게 빛난다.
혼자가 힘들 때마다 나는 혼자 외롭게 남은 것이 아니라,
가장 따뜻한 혼자를 선택한 것이라는 사실을 기억하자.

"아, 이건 정말 아닌데."
"왜 나를 이렇게 대하는 거지?"
이런 상황을 만난다면
그게 무엇이든 빠르게 스치는 게 좋다.
사랑하는 사람과 좋은 시간을 보내기에도 인생은 짧다.
소중한 일을 먼저 하라.
사랑하는 사람을 더 자주 만나라.

7

November

가장 고된 상황에서도 자신을 굳게 믿어라.
타인의 관심을 과도하게 필요로 하는 이유는
내면을 향한 믿음이 없기 때문이다.
내면을 향한 믿음이 강해질수록
타인을 의지하려는 마음은 약해진다.

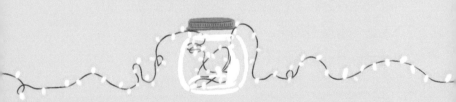

February

인생이 고달파서 쓴맛이 날수록

소주는 달콤하게 느껴진다.

세상도 비슷하다.

어렵고 힘들수록 더욱 공들여

하루하루를 보내라.

더는 세상이 당신을 쉽게 생각하지 않도록.

6

November

마음이 가난해지면 물건과 사람에 집착하게 된다.

세상이 좋다고 말하는 물건을 가지려고 하고,

사람의 마음을 소유하려고 하면 할수록

자신을 더 외롭게 만들 뿐이다.

그대 내면에 모든 보석이 충분히 있음을 잊지 말자.

"결과보다 과정이 중요하다."

"과정보다 시작이 중요하다."

"시작보다 결과가 중요하다."

세상에는 다양한 관점이 있고,

절대적으로 틀리거나 옳은 하나는 없다.

중요한 건 당신만의 하나를 선택하고 실천하는 일이다.

남이 틀렸다고 비난할 시간을 모아,

나만의 하나를 만들어 꾸준히 실천하라.

주변의 누군가가 뭔가를 잘하고 있을 땐
"나도 충분히 잘하고 있다."라는 사실을 기억하라.
내게 응원의 메시지를 보내는 게 먼저이며,
내 자존감을 회복시키면, 모든 것이 내게로 와서
더욱 단단해질 것이다.

오랫동안 소수의 소중한 사람들에게
조용히 응원을 받았던 사람들은
수면 위로 떠오르게 마련이다.
그들은 수평선 끝에서 어둠을 밝히며
뜨겁게 떠오르는 태양과도 닮았다.
매일 자신에게 박수를 보내며 살자.
그 소리는 결국 모든 세상에
울려 퍼질 것이다.

November

굳센 용기는 희망 속에서도 태어나지만
두려움 속에서도 탄생한다.
만약 당신이 가장 힘들고 고독한 상황에서도
"희망은 나의 것이다."라고 말할 용기를 낸다면,
마치 처음부터 내 것인 것처럼 포근하게 안길 것이다.

언제나 무언가를 조금이라도 더 오랫동안
붙잡겠다는 의지를 가져야 한다.
그것이 모여 당신의 시작을 빛나게 할 것이다.
나만 나를 빛낼 수 있다.

내면은 가장 고요한 순간에
한없이 깊게 형성되고,
성격은 가장 혼란한 격변기에
드넓게 펼쳐져 완성된다.

애초에 뜻이 맞지 않는 사람이라면,
아무리 일치시키려고 노력해도 불가능하다.
시리도록 차가운 바람을 보내야
따스한 햇살을 안을 수 있는 것처럼,
스칠 인연을 가볍게 스쳐야
사랑할 인연을 뜨겁게 안을 수 있다.

내면의 힘을 단련시키려면 사라지는 것은 잊고

늘어나는 것에 집중해야 한다.

"뭘 보여 줄까?"라고 질문하지 말고

"뭘 담을까?"라고 질문해야 한다.

겉으로 보이는 것들은 세월이 지나면 늙고 낡지만

내면은 더욱 깊어지며 가치를 발한다.

26

February

오래오래 행복하게 살고 싶다면
죽을 때까지 나를 행복하게 만들 일을 생각해라.
행복한 일을 찾지 못하면
잘 나가던 사람도 결국 자존감이 무너져 멈추지만,
스스로 행복한 사람은 결코 멈추지 않는다.
일시적인 것에서 벗어나 영원한 것을 보라.

과거는 이미 알고 있지만 바꿀 수 없고,
미래는 짐작할 수 없지만
누구나 내면의 힘으로 바꿀 수 있다.
내면의 언어는 자신이 원하는 미래를 부르는
가장 강력한 기적의 주문이다.

"오늘도 잘할 수 있을까?"
자꾸만 불안한 마음이 든다면
실력이 없거나 준비가 부족해서가 아니라,
그 일이 당신의 모든 것이기 때문이다.
당신의 불안하고 두려운 마음은
더 할 수 없을 만큼 최선을 다한
아름다운 노력의 증거이다.

November **내면**

강력한 자존감으로 내면을 강화하는 시간

아는 것을 주변에 자랑하지 마라.
가졌지만 갖지 않은 것처럼
배웠지만 여전히 배움이 필요한 것처럼
학생의 정신을 유지한 사람만이
지성이라는 갖기 힘든 빛을 발한다.

31

October

세상은 끝없이 당신을 향해 흔들리며
근사한 가치를 품은 당신을 힘들게 할 것이다.
누군가의 모함도 받을 것이고,
변하지 않는 자신을 보며
차마 닦을 수 없는 슬픈 눈물도 흘릴 것이다.
그럼에도 자신의 가치를 지켜라.
그것이 더 근사한 내일을 맞는
최고의 방법이 될 수 있다.

March **우선순위**

삶을 바꿀 우선순위를 발견하는 시간

30

October

타인에게 너그럽지 못하다는 것은

스스로 여유가 없다는 사실을 증명한다.

여유가 없어서 너그럽지 못하다고 하지 말고,

먼저 너그럽게 타인을 대하라.

그럼 선물처럼 여유가 찾아올 것이다.

1

March

경험은 시간을 투자해서 가질 만큼 소중하다.
그러나 시간을 효율적으로 쓸 수 없다면,
세상에 그것보다 쓸데없는 지출도 없다.
돈은 마음껏 낭비해도 되지만,
시간은 철저히 아껴서 써야 한다.

간절히 원했던 다수의 꿈이

한 사람의 탐욕과

이기심으로 파괴될 수 있다.

꿈을 꾸는 능력만큼이나

사람을 보는 안목이 필요하다.

성장의 기본은 '나는 모른다'는 자세이다.

고개를 들어 당신이 본 것들을

고개를 숙여 치열하게 사색할 때

비로소 당신은 자신만의 지식을 갖게 된다.

지성의 고개를 자주 숙이면 인생이 바뀐다.

실패하는 사람들은
"지금 경기가 안 좋아." 같은
현실적인 상황을 이유로 들며 실패를 자처한다.
반면 성공하는 사람들은
"그럼에도 방법은 언제나 있지."라며
그저 자신이 할 일에만 무섭게 집중한다.
현실을 사는 나의 태도가 모든 것을 바꿀 수 있다.

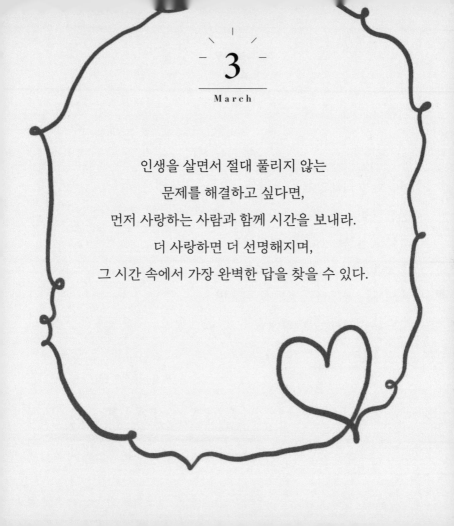

3

March

인생을 살면서 절대 풀리지 않는

문제를 해결하고 싶다면,

먼저 사랑하는 사람과 함께 시간을 보내라.

더 사랑하면 더 선명해지며,

그 시간 속에서 가장 완벽한 답을 찾을 수 있다.

27

October

누군가를 이해하고 싶다면
천천히 다가가 말없이 함께 걸어가라.
그리고 틈틈이 서로를 바라보라.
고요한 눈빛은 진실한 대화를 이끈다.
빠르게 다가가려는 욕망을 버리면,
우리는 서로를 깊이 이해할 수 있다.

세상의 발전은
우리보다 똑똑한 사람들에 의해서가 아니라
우리보다 먼저 움직인
실천하는 사람들에 의해서 만들어졌다.
최고의 두뇌는 머리가 아니라 다리에 있다.

26

October

삶이 어려울 땐, 기댈 누군가를 찾지 말고
그대 자신에게 힘껏 기대라.
어려움 속에서 벗어날 방법은
결국 그 어려움 속에 있기 때문이다.
가장 지혜로운 답은
언제나 문제 안에 있다.

5

March

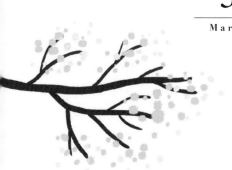

가진 것이 적거나 환경이 열악한 상태에서는

두 배로 노력하고 두 배로 희망해야 하는데,

오히려 두 배로 실망하고

두 배로 자신을 학대하며 괴롭히게 된다.

힘들수록 순서를 제대로 정해야 살 수 있다.

희망을 품는 일을 우선순위에 두고

그대 스스로 희망과 기적의 주인이 되어라.

더 나은 방법이 있음을 항상 명심하라.

더 좋은 답이 없다고 말하는 건

그저 자신의 한계를 고백하는 것일 뿐이다.

생각은 언제나 더 나은 방법을 찾아준다.

생각하고 또 생각하라.

6

March

당신에게 주어진 시간을 충실히 써라.
시간의 가치에 대해서 알고 싶다면,
당신이 보낸 어제의 시간을 관찰하라.

24

October

그 사람이 추구하는 가치를 알고 싶다면
어떤 사람들이 곁에 있는지 보라.
그 사람이 무엇을 위해 사는지 알고 싶다면
1순위로 생각하는 것이 무엇인지 보라.
그 사람이 어떤 목표를 향해 달려가는지 알고 싶다면
자주 연락하고 만나려는 사람이 누군지 보라.

7

March

혼자 있는 시간을 가치 있게 여겨라.

수백 명이 어떤 곳을 향해 몰려갈 때

혼자 남아 자리를 지키는 사람이,

머문 공간에 따스한 조명을 비추는 사람이 있다면

가서 그들이 머문 가치를 발견하라.

모든 가치는 알아야 빛낼 수 있다.

23

October

우리 자신의 행복을 위해
늘 좋은 기분으로 살자.
기분은 생각이 되고,
생각은 인생을 결정한다.

누군가를 위해 시작한 모든 생각에는

좋은 것을 남기고 나쁜 것은 배제하는 힘이 있다.

생각을 멈추지 않는다면,

더 좋은 길은 반드시 나오며

더 좋은 생각은 더 아름다운 길을 찾는다.

말은 쉽게 사라지고 글은 오랫동안 남는다.
그러므로 쉬지 말고 기록하라.
기억은 흐려지고 생각은 사라진다.
머리를 믿지 말고 손을 믿어라.
생각한 것을 바로 글로 남기지 않으면
바람과 함께 사라진다.

지금 그대의 머리에는
너무 많은 일이 돌아가고 있다.
주변에서 일어나는 모든 일에
큰 의미를 부여하며 관여할 필요는 없다.
지나치게 감정을 소모하는 모든 행위는
스스로 자신을 지치게 만들 뿐이다.
당분간 그대 자신만을 느끼며 사랑하라.

21

October

오랫동안 지성을 쌓았다고
분노까지 참을 수 있는 것은 아니다.
때때로 분노가 자신을 지배할 때,
그것을 회피하거나 부끄럽게 생각하지 말자.
당신이 누구든 어디에서 무엇을 하는 사람이든
화를 내고 분노할 수 있으니까.

가진 돈은 적더라도
그 돈을 어디에 써야 하는지,
돈의 길을 제대로 알고 있다면 충분하다.
적은 돈이라도 스스로 해야만 하는 일에
투자해서 확장한다면,
그 세상은 짐작할 수 없이 근사할 것이다.

우리는 10억 분의 1도 모른다.

방금 새로운 사실 하나를 깨달았다면,

당신은 10억 분의 2를 알게 된 것에 불과하다.

모른다는 사실이 더 많은 깨달음을 준다.

안다고 생각하면 무엇도 보이지 않는다.

'일하지 않고 빠르게 부자 되는 방법'
'당신에게만 알려주는 성공하는 법'
이런 제목의 메일이 도착해 있다면
당신은 어떻게 하겠는가?
제목을 읽자마자 바로 스팸으로 구분했다면
당신은 정말 잘 살고 있는 것이다.
지름길은 지도 위에서나 만날 수 있다.

많은 사람이 자신이라는 모국어에 관심을 둬야 하는데,
자꾸만 타인이라는 제2외국어에만 관심을 둔다.
자신에게 주는 것은 관심,
타인에게 주는 것은 참견이다.
언제나 자신을 내버려 두지 말고
지칠 정도로 자신을 바라보라.

12

March

시작이 반이다.

하지만 모두에게 적용되는 이야기는 아니다.

끝까지 갈 수 있는 열정을 채운 사람만이

시작이 반이라고 말할 수 있다.

결과와 상관없이 도착하지 못한다면

그 시작은 좋은 시작이 아니다.

18

October

불가능해서 도전하지 않는 것인가,

도전하기 싫어서 불가능하다고 생각하는 것인가?

타고난 재능을 가진 사람은 이기기 힘들다.
그래서 신은 재능이 없는 보통 사람들에게
'시작하는 힘'이라는 기적을 선물로 주셨다.
99%의 사람들이 타고난 재능을 가진 사람들의
모습을 보며 포기하고 멈출 때,
인생을 걸고 뛰어나간 1%의 특별한 사람들은
자신에게 신의 선물을 허락한 것이다.
'시작하는 힘'은 거대한 1%의 재능이 될 수 있다.

"대체 나는 어디서부터 잘못된 걸까?"

이런 생각이 들 때마다,

돌아갈 수 없는 과거에 대한 미련을 버리고

더욱더 현실에서 좋은 것을 찾아라.

현실에서 실패했다면

극복할 방법도 현실에 있다.

누군가 당신을 정말 오랫동안
늘 웃는 얼굴로 응원한다면,
그 사람을 절대 놓치지 마라.
당신을 정말 사랑하는 사람은
사랑하니까 조금 더 참고,
소중하니까 더 오래 지켜보는 것이다.

말이 흐르는 방향을 자세히 관찰하면,
그가 자기 삶에 무엇을 입력했는지 알 수 있다.
그대의 언어를 잡아라.
언어를 바꾸면 삶이 바뀐다.

이걸 해야 하나, 하지 말아야 하나
고민만 하는 사람은 결코 결과를 내지 못한다.
이런 사람은 어떤 일을 시작해서 생기는 결과를
근거 없는 부정적 상상으로만 판단하여
정작 현실에서는 시작조차 하지 못하기 때문이다.
일단 시작해라. 그러면 모든 고민이 사라지고,
완전한 희망으로 변할 것이다.

15

October

"날 몰래 욕하는 건 아닐까?"

"내가 하는 말을 오해해서 들으면 어쩌지?"

이런 의심과 불안은 괴로움으로 연결된다.

마음이 복잡할 때는 우선 생각을 정리하자.

누가 나를 싫어하면, 나도 그를 안 좋아하면 그만이다.

16

March

우리는 늘 첫 시도에서 실패할 수 있기 때문에
스스로에게 기회라는 선물을 자주 주어야 한다.
다이어트와 공부, 운동을 '시작한 첫날'이
온갖 이유로 '실패한 첫날'이 될 수도 있다.
여기서 멋진 사실은 성공할 수밖에 없는
'두 번째 날'을 스스로에게 선물하는 것이다.
첫날의 실수가 결코 자신을 결정하도록 놔두지 마라.

14

October

우리가 변하지 못하는 이유는
자신에 대해서 제대로 모르기 때문이다.
매일 하나라도 자신에 대해서
알아가는 시간을 보내자.
세상에서 가장 근사한 변화는
자신을 알아가는 과정에서 시작한다.

17

March

자신의 생각을 일상에서 실천하는 사람과
실천하지 않고 생각만 하는 사람은
시간이 지날수록 머무는 공간이 달라지고
만나서 대화를 나누는 사람도 달라지며,
눈으로 볼 수 있는 세상까지 달라진다.

13

October

"사람들이 이상하게 생각하지 않을까?"

"내가 오버하는 건 아닐까?"

"내가 하는 말이 가벼운 게 아닐까?"

그런 고민은 가볍게 던져 버리자.

좋은 마음은 언제나 실수를 하지 않으며,

좋은 마음을 전하는 일은 늘 자신에게 행복을 준다.

"와, 나랑 정말 잘 맞는다."

"어쩌면 너는 늘 나랑 생각이 같아?"

살다 보면 이런 느낌을 주는 사람을 만날 때가 있다.

그건 우연이거나 운명이 아닌

당신을 많이 아끼기 때문에 나오는 마음이다.

기억하라.

세상에 저절로 맞는 건 없다.

아픈 만큼 아픈 사람을 이해할 수 있고,
힘든 만큼 고통을 섬세하게 안아줄 수 있다.
모든 경험이 쌓여 당신이 품을 세계를 넓혀준다.
그러니 답답할수록 당신의 일을 하라.
고독할수록 당신의 일을 하라.
당신의 일이 당신의 삶을 증명할 것이다.

11

October

"왜 생각의 다양성을 인정하지 않죠?"
이렇게 누군가 당신을 비난해도
크게 신경 쓸 필요가 없다.
그도 마찬가지로 당신이라는 다양성을
인정하지 않았기 때문이다.

우리는 언젠가 일을 줄 것 같은 사람,
언젠가 인맥을 소개해 줄 것 같은 사람,
언젠가 제품을 사줄 것 같은 사람들을 위해
시간과 공을 집중적으로 투자한다.
그러나 우리에게 정작 중요한 사람은
언제든 자신의 품을 내어주며
다시 일어설 용기를 주는 사람들이다.
그들이 평생을 함께해야 할 진짜 내 사람들이다.

세상에 그냥 스칠 글은 존재하지 않는다.
머리로 이해되지 않는 글이라도
어떻게든 외워서 일단 머리에 보관하라.
언젠가 때가 되면 그 글이 가슴으로 내려와
저절로 이해되는 순간이 찾아온다.
세상에는 분명 삶으로 관통해야
가슴으로 이해할 수 있는 글이 있다.

21

March

세상에는 심사가 뒤틀린 사람이 있기 마련이다.

그들은 누군가의 진심을 제대로 받지 못한다.

그 가치를 전혀 모르기 때문이다.

진심의 가치를 아는 사람에게만

당신의 진실한 마음을 선물하라.

귀한 마음은 귀한 사람만 알아보는 법이다.

우리, 좋은 것만 가슴에 담고
바라만 봐도 행복이 느껴지는 사람이 되자.
그저 잠시 생각하는 것만으로도
마음이 아름다워지는 사람으로 살자.
우리, 사랑으로 행복하자.
바라만 봐도 행복한 사람이 되자.

똑같이 힘든 상황에서

누군가는 짐을 덜어달라고 외치고

누군가는 짊어질 힘을 달라고 요구하고

어떤 이는 짊어질 용기를 주셔서 감사하다고 한다.

세상에 감사하기 좋은 때나 환경은 없다.

바라보는 시선의 태도만 바꾸면 늘 감사할 수밖에 없다.

8

October

그대는 예민한 게 아니라 섬세한 것이고
까다로운 게 아니라 기준이 명확한 것이고
어떤 사항에 민감한 게 아니라
그 사항을 누구보다 중요하게 생각하는 것이다.
나약한 게 아니라 유연한 것이고
고민이 많은 게 아니라 생각이 깊은 것이고
어떤 부분에 있어 부정적인 게 아니라
그 부분의 가치를 간절히 발견하고 싶은 것이다.

세상에는 99분을 생각해야 풀리는 문제도 있고
100분을 생각해야 풀리는 문제도 있다.
99분을 투자해서 틀렸던 사람이라도
단 1분을 더 투자하여
세상을 바꿀 정답을 찾을 수 있다.
인생은 결국 1분의 싸움이다.

7

October

적당한 수준의 생각으로는
낮은 자존감을 극복할 수 없다.
적당한 수준의 생각에는
그럴 만한 힘이 없기 때문이다.
오늘 가진 내 자존감의 두께는
어제까지 내가 한 생각의 크기로 결정된다.

앞으로 무엇을 하고 싶은지 먼저 정하라.

그럼 오늘의 일상에 무게가 실리고,

그 무게를 함께 감당할 파트너를 만나게 될 것이다.

바로 그것이 스스로 창조한 기적이고,

그렇게 보낸 10년은 그냥 보낸 10년과 크게 다를 것이다.

6

October

동일한 공간에서 성장한 두 사람이

전혀 다른 인생의 결과를 만나는

가장 결정적인 이유는 선택에 있다.

"무엇을 어떤 시선으로 바라보며 생각하는가?"

좋은 일과 나쁜 일이 동시에 일어났다면

나쁜 일은 버리고 좋은 일만 잡아라.

좋은 선택과 현명한 선택은 같은 말이다.

25

March

자연이 조급하게 움직이지 않는 이유는
자신이 왜 존재하는지 알고 있기 때문이다.
자연은 천천히 움직이지만 결국 계절과 함께
해야 할 임무를 완수하고 고요히 사라진다.
평생 흔들리지 않고 성장하려면 목적을 분명히 해야 한다.
삶의 목적을 아는 사람은 결코 흔들리지 않는다.

5

October

이 어두운 골목을 돌면,
빛나는 햇살이 기다리고 있을 거다.
더 좋은 날은 지금 오고 있다.

행복을 주지 않는 모든 생각은 버리고,
당신에게 행복한 것만 생각하라.
당신이 바라보는 곳에 성장이 있고,
성장이 있는 곳에 당신의 시선이 머물 것이다.

손해를 본다는 생각이 드는 것은
이득을 보려는 마음을 가졌다는 증거다.
지금 공평하지 않다고 생각하는 것은
내가 누군가와 경쟁하며 산다는 증거다.
나의 현재는 나의 생각을 벗어날 수 없다.

27

March

누구의 인생이든 언제나 길은 있다.
다만 매일 아침에 그 길을 찾지 못하면
하루 종일 길이 아닌 곳에서
무엇을 하는지도 모른 채
자신의 시간을 낭비하게 된다.

3

October

타인의 단점과 자신이 겪는 고통은
굳이 생각하지 않아도 쉽게 발견할 수 있다.
그러나 타인의 장점과 자신이 원하는 희망은
오랫동안 생각해야 발견할 수 있다.
시간을 투자해서 찾아야 할 만큼
빛나는 가치가 있기 때문이다.

모두에게 시작은 기회다.
단, 시작할 때 빛나는 마음을
끝까지 유지했을 때만 가능하다.

2

October

긍정의 확언이 현실로 이루어지지 않더라도
나는 결코 멈추지 않을 것이다.
수천 번이라도 세상을 향해 외치고 또 외칠 것이다.
나는 결국 잘된다.
내가 그렇게 생각하고 있으니까.

29

March

적당히 마시고 적당히 먹고 적당히 움직이며
삶의 균형을 잡아야 분노와 원망이라는 바람에
흔들리지 않고 중심을 확고히 잡을 수 있다.
진정한 자유는 통제가 아닌 자제에서 시작한다.

1

October

검색은 타인의 주관을 찾는 일이고,
사색은 자신의 주관을 찾는 일이다.
검색은 빠르지만 누구나 아는 답을 주고,
사색은 느리지만 자신만 아는 답을 준다.
당신은 지금 무엇을 찾고 있는가?

언제든 나를 비난하고
악담을 던지는 사람을 만날 수 있다.
상처받지 말고 구름처럼 고요하게 흘러가자.
어떤 세찬 바람도 당신을 막을 수 없다.
당신은 그저 꿈과 희망을 결심만 하면 된다.
모든 것은 당신의 뜻대로,
가장 아름답게 이루어질 것이다.

October **정리**

생각을 견고하게 정리하는 시간

31

March

스스로 무언가를 선택했다면
어떤 일이 생겨도 강력하게 믿자.
최상의 가치는 최고의 믿음에서 나오니까.
굳이 돌아볼 가치를 느끼지 못하도록
내가 내딛는 한 걸음의 가능성을 믿자.
나의 가능성은 나 자신이다.

"저는 남의 시선을 신경 쓰지 않아요."
유명인들이 인터뷰에서 주로 하는 말이다.
그러나 점점 관심이 쏠리고
악성 댓글까지 쏟아지면,
"자살까지 생각하고 있어요."라며
고통을 호소한다.
타인의 시선을 신경 쓰지 않고 살기란 어렵다.
자신을 제대로 파악해야 고통을 견딜 수 있다.

April **시각화**

행동과 결과를 상상하며 생생하게 시각화하는 시간

아는 것을 또 틀렸다고
소중한 시간을 또 낭비했다고
너무 심하게 자책하며
자신을 힘들게 하지 말자.
누구나 자기 삶에서
최선을 다하며 살고 있으니까.

1
April

매일 '성공'이라는 단어를 읽으면
'성공'의 기운을 마음에 담을 수 있고,
반복해서 읽으면 결국 현실이 된다.
원하는 미래를 매일 읽어라.
생생하게 읽으면 이루어진다.

혼자 있는 시간은 아무것도 하지 않는 시간이 아니라,
온전한 자신이 되어 가는 시간이라는 사실을 인지할 때
혼자의 존재는 끝없이 자신을 확장한다.
기억하라.
슬픔도, 기쁨도, 모든 것은 내게서 시작한다.
내가 좋아야 세상도 좋은 것이다.

기회는 하늘이 내리지만,
붙잡는 건 나의 몫이다.
햇살은 하늘이 내리지만,
빛나는 건 나의 몫이다.
나는 나를 빛낼 수 있다.
아니, 나만 나를 빛낼 수 있다.

27

September

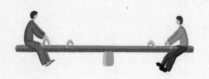

"왜 굳이 다른 사람의 일에 참견하시죠?"
이렇게 누군가 당신을 비난한다면
신경을 쓸 필요가 없다.
그도 마찬가지로 당신의 삶에 참견하며
듣기 싫은 이야기를 하고 있기 때문이다.

당신은 나아지고 있고,
앞으로 더욱 좋아질 것이다.
당장 오늘 죽는 일이 아니라면
아무것도 두려워할 필요가 없다.
당신에게는 생명이라는 가능성이 있으니까.
잘되고 있고, 더 잘될 것이다.

타인에게 기대려는 마음을 던지고,
자기 삶의 고독을 정면으로 바라보자.
고독을 즐길 수 있는 사람이 둘이 있기로 선택했을 때,
그 관계는 더 깊고 길게 이어진다.
관계를 든든하게 이어주는 것은
두 사람이 함께 보낸 시간이 아니라
혼자를 견딘 시간의 합이다.

4
April

만나는 사람과 보는 환경이 늘 같다고,
같은 일상을 반복한다고 불평하지 마라.
자꾸만 떠나려고 하지도 마라.
중요한 건 지금 이 자리에 머무는 거다.
현실의 문제는 현실에서 답을 찾아야 한다.
답은 언제나 그대 곁에 있다.

지금 당신의 일에 빛을 담고 있다면,
그 일에만 최선을 다하자.
어떤 어둠이 찾아와 빛을 가려도
스스로 자신을 추천할 수 있도록.
빛은 아무리 가려도 좁은 틈 사이로
기어이 아름답게 새어 나오는 법이다.

주변에 좋은 사람이 많은가?

아무리 사는 게 힘들어도

세상을 가장 좋은 마음으로 바라봐라.

좋은 마음은 언제나

좋은 사람을 부르는 법이다.

24

September

말로 누군가를 위로해 줄 수 있다는 건
인간이 가진 가장 고귀한 능력이다.
"그게 진짜 위로가 될까?"라고 생각할 수도 있지만,
때론 이렇게 근거 없는 위로가
누군가를 일으켜주는 큰 힘이 된다.
사랑을 전하려는 마음보다 더 가치 있는 근거는 없다.

일상은 우리가 가진 전부로
그 안에는 언어와 태도가 녹아 있다.
굳이 말하지 않아도
곧은 세월이 느껴지는 '눈빛',
어떤 상황에서도 중심을 잃지 않고
자신의 생각을 진실하게 말하는 '입술'.
이 두 가지를 가질 수 있다면,
세상 모든 것을 다 잃어도
당신은 모든 것을 가진 사람이다.

결코 쉽게 절망하지 마라.
인생의 전반기는 원래 꼬인 운명의 매듭을
조금씩 풀어가는 때다.
헤매더라도 아름다움을 잃지 않고
전반기를 끝낸 사람에게는
반드시 좋은 날이 찾아온다.

아침의 승리가 인생의 승리다.
당신이 이 글을 읽었다면,
오늘도 이기며 시작한 것이다.
"된다. 된다. 오늘도 나는 된다."

외롭고 쓸쓸한 날은 누구에게나 찾아온다.
마음이 힘든 날에는 헝클어진 침대 위에서
조금 더 잠들어도 괜찮다.
힘들 때 힘든 감정에
자신을 맡기는 것도 용기다.

같은 상황에서 같은 일을 대할 때도,

어떤 이는 성공이 불가능한 것처럼

또 어떤 이는 실패가 불가능한 것처럼 생각한다.

결과를 바꾸고 싶다면 생각을 바꾸면 된다.

생각은 행동에, 행동은 결과에 영향을 준다.

뭐든 해내려면, 실패가 불가능한 것처럼 생각하라.

21

September

아무리 깊은 내면일지라도 한계가 있다.

인간은 분노와 원망을 이길 수 없고,

고통을 끝까지 참을 수도 없다.

다 참으려고 하지도 말고,

혼자 감당하려고 하지도 말자.

무엇보다 중요한 건, 내 마음의 건강이다.

9

April

마음이 깊고 넓은 사람은
보고 듣는 것에 쉽게 휘둘리지 않는다.
좁은 마음은 쉽게 요동치지만,
넓은 마음은 쉽게 흔들리지 않는다.

뭐든 시작할 때는 다 좋다.

기분도 좋고 전망도 좋으며,

자신의 내일을 기대하게 된다.

매일 새로 시작하는 마음으로 하루를 보내자.

365일 내내 늘 새로 시작한다면

언제나 좋은 기운을 유지할 수 있다.

기적의 신은 조금 느리고 의심이 많아서

결코 사람의 말만 믿고 움직이지 않는다.

사람이 자신이 할 수 있는

최선의 모습을 보여줄 때

기적의 신도 그가 실천한 모습을 믿고 움직인다.

움직여라.

그것이 바로 기적을 부르는 주문이다.

나는 바람보다 빠르게 걷지 않을 것이다.
햇살보다 뜨거워지지 않을 것이다.
바다보다 깊어지지 않을 것이다.
분노하고 애쓰며 경쟁하지 않고
평생 어제의 나와 함께 걸을 것이다.
아주 천천히, 오래오래, 행복하게.

세상을 바라보는 시선에는 크게 두 가지가 있다.

"그건 당연한 거지."

"세상에 당연한 것은 없다."

기억하라, 세상을 바라보는 당신의 시선이

삶을 대하는 태도를 완성한다.

당신이 욕을 먹는 이유는
사랑받고 있기 때문이며,
누군가의 비난을 받는 이유는
누군가의 호감을 얻고 있기 때문이다.
사랑과 비난은 한몸으로 이루어져 있으며,
모든 것은 선택에 달려 있다.

많은 사람이 이렇게 착각한다.
"듣고 보고 느낀 것이 다 내 경험이다."
하지만 사람은 자신이 이해한 만큼 듣고,
자신이 아는 만큼 보며,
느끼는 만큼 발견한다.

17

September

당신이 어떤 상황에 있든지,
매일 당신을 괴롭히는 감정을 글로 써라.
글쓰기는 언제든 당신에게 새로운 삶을 선물한다.
만약 당신이 슬픈 마음을 글로 쓰면
슬픔을 지우고 새롭게 시작할 수 있다.

사랑이 기적이듯, 이별도 기적이다.
해가 떠오르는 것이 기적이듯
해가 지는 것도 기적이다.
삶이 기적이듯, 당신도 기적이다.

친해져서 정이 쌓이면
세상에 나쁜 사람 별로 없다.
다가가 오랫동안 함께 정을 나누면
모두 따스한 두 손을 가진 사람들이다.
바람처럼 스치면 차갑지만
마주 서서 오랫동안 바라보면
사람처럼 참 따뜻한 존재도 없다.

성공은 운명의 장난이 아니다.
매일 아침 1분의 시간이 모여 이룬
세상에서 가장 진실한 결과다.

15

September

먼저 인사하고 배려하는 최소한의 인격을 갖춘
좋은 사람의 풍모를 보여왔다면,
풀리지 않는 관계로 자신을 원망하거나
괜한 슬픔에 빠질 필요가 없다.
스스로 자신에게 떳떳하다면,
그걸로 이미 당신은 모든 것을 다한 것이다.

15

April

저 하늘에도 별이 있지만
비가 내려 흙탕물이 고인,
저 바닥에도 별은 있다.
마찬가지로 모두가 힘들고 지쳤지만
여전히 희망을 품고 있는 사람이 있다.
별은 그걸 보려는 자의 것이다.

"오늘 네가 더 그리워."
그저 마음을 있는 그대로 전하면,
아팠던 마음은 순식간에 치유된다.
'상황에 맞는 말'도 중요하지만,
마음에 온기를 넣어주는 것은
결국 '마음에 맞는 말'이다.
마음은 결코 길을 잃지 않는다.

자신의 머리로 생각하며 살아라.

그것이 당신에게 주어진 앞으로의 10년을

가장 귀하게 보낼 수 있는 최선의 방법이다.

자신의 가치를 남에게 맡기지 말고,

스스로 시작하고 스스로 결론을 내라.

부디, 당신의 인생을 살아라.

누구나 자신의 삶에서 분투하면
보통 이상의 힘을 손에 쥘 수 있다.
그러나 권력과 지위는 너무나 가벼워서
자꾸만 어딘가로 날아가려고 한다.
힘을 가지는 것이 대단한 일이라면
그 힘을 제어하는 것은 위대한 일이다.

살면서 정말 밉고 싫은 사람이 생겼을 때는

예쁘게 바라보려고 애써라.

미운 사람이

정말 예뻐지는 것은 아닐지라도

최소한 내 마음만은

예쁜 상태를 유지할 수 있다.

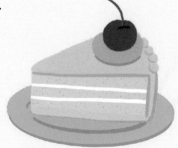

당신이 걱정이나 우울감에 빠져 있다고 해서
그것이 당신이 불행한 인생을
살고 있다는 증거는 아니다.
우리는 언제든 자신의 감정을 선택할 수 있다.
언제나 가장 좋은 감정을 선택하라.
어제의 기분이 오늘의 현실이 되지 않게.

연주자는 악기로 연주하지 않는다.

가수는 소리로 노래하지 않는다.

작가는 언어를 쓰지 않는다.

그들은 자기 안에 담긴 마음을

자유롭게 보여줄 뿐이다.

그 마음이 누군가에게 날아가서

때로는 음악이 되고 때로는 글이 되는 것이다.

그저 마음을 담아라.

당신이 말할 준비를 모두 마쳤다고

상대도 들을 준비가 되었다고 생각하지 마라.

당신이 들을 준비를 마쳤다고

상대가 말할 준비를 끝냈다고도 생각하지 마라.

당신이 보고 싶은 것과

상대가 보여주고 싶은 것은 다르며,

상대가 기대하는 것과

당신이 가지고 있는 것도 일치하기 힘들다.

간혹 준비하던 일이 다양한 이유로
자꾸만 늦춰지게 되면 불안한 생각이 든다.
"이러다 때를 놓치는 게 아닐까?"
"남들이 먼저 시작해서 내가 뒤처지면 어쩌지?"
당신이 하는 일에 모든 것을 쏟았다면,
세상에 결코 늦은 때란 없다.

하는 일마다 실패해 주저앉고 싶은 날에도,
"오늘은 어떤 근사한 공간이 내게 펼쳐질까?"
불행한 소식이 가득해서 우울한 마음이 생겨도,
"오늘은 어떤 멋진 소식이 내게 안길까?"
힘든 일이 생겨서 눈을 뜨기 힘든 날에도,
"잘하고 있고, 잘되고 있으니 걱정하지 마."
나의 생각이 나의 하루를 만든다는 것을 기억하라.

10

September

열정은 나를 폭발시키는 게 아니라,

나를 다스리는 과정에서 나오는 에너지다.

할 수 있다는 거친 욕망이

할 수 없는 나를 쥐어짜지 않도록,

보여달라는 세상의 소리가

보여줄 게 없는 나를 포장하지 않도록,

자신을 다스릴 수 있어야

진실한 열정을 발산할 수 있다.

죽는 날까지 큰 걱정 없이 지냈다고 해도
세상을 떠나는 날, 한 뭉치의 글도 전할 것이 없다면,
자신의 빛을 숨기며 산 것과 같다.
삶이라는 무대 위에서 보여준 것을 종이에 쓴다면,
당신의 삶은 더욱 빛나게 될 것이다.
오늘 당신이 보여준 삶을 기록하라.

사람은 생각하는 대로 살게 된다.

상황은 자신의 감정을 결정할 능력이 없기 때문이다.

오직 인간만이 자신의 상황을 스스로 정의할 수 있다.

그러니 늘 기분 좋아지는 방향을 선택하라.

굳이 이미 일어난 일에 기분 상할 필요는 없다.

눈을 찌르는 따가운 햇살 아래서도
차분하게 하늘을 올려다볼 수 있는 여유,
시간을 다투는 촉박한 상황에서도
차분하게 일상을 움직일 용기,
단순하지만 근사한 일상의 태도가
당신을 더욱 아름답게 한다.

8

September

자신이 보낸 시간에 대한 확신을 가진 사람들은
굳이 타인의 인정과 격려를 바라지 않는다.
오히려 그 시간까지 아껴서
자신의 일에 투자한 사람들은
결국 더 확고한 자신의 인정을 받게 된다.

상황 그대로가 아닌 그 안에 숨겨진
이면을 바라볼 수 있어야 한다.
무엇이든 바라보고 또 바라보면
본질이 자신을 드러내는 순간을 만나게 된다.

7

September

당신에게는 실패하고 분노할 자격이 있다.
누군가를 한없이 미워하고 비난할 자격도 있다.
너무 자신을 억누르며 힘들게 할 필요는 없다.
세상에 나를 희생하면서까지 지켜야 할 것은 없다.
무엇보다 그대 자신의 마음이 우선이다.

분명한 목표가 있는 사람은
타인의 제안을 거절해서 아낀 시간을
자신을 위해 모두 투자한다.
자주 거절하는 사람은 냉정한 게 아니라
꿈과 목표가 분명한 것이다.

당신을 이용하고 무작정 비난만 하는 사람에게

결코 당신의 아까운 시간을 허비하지 마라.

마음 아파하지도 마라.

오히려 소중한 마음의 가치를 모르는,

그를 안타깝게 생각하며 기도하고 보내주자.

아무에게나 당신의 마음과 시간을 허락하지 마라.

성공한 자의 가장 큰 특권 중 하나는

좋아하는 것을 자신이 하고 싶을 때 할 수 있다는 것이다.

그리고 그것과도 비교할 수 없는

가장 위대한 특권이 있는데

보기 싫은 사람을 굳이 안 봐도 된다는 것이다.

5

September

자존감이 약간 떨어져도 내가 편한 게 좋고,
사교성이 조금 부족해도 내게 맞는 모습이어서 좋다.
힘이 들 때는 세상의 소리는 잠시 접어두고,
당분간 나만 생각하자.
뭐든 내가 편해야 좋고.
무엇보다 내가 좋은 게 우선이다.

25

April

나는 내 마음이 가장 행복하길
무엇보다 바라는 사람이다.
꽃이 자라서 평화가 오는 게 아니라
평화가 가득한 자리에 꽃이 핀다.
내 마음이 아름다운 꽃밭일 때
더 화사하게 꽃을 피울 수 있다.

"사람이 개를 예뻐하는 것은 전혀 이상한 일은 아니다.
둘 다 서로가 불쌍히 여길 만한 딱한 동물이기에."
이 이탈리아의 속담은 다양한 해석이 가능하지만
분명한 사실 하나는, 살아 있는 모든 존재는
결국 기댈 만한 든든한 어깨를 찾아다닌다는 것이다.

주변 사람들이 아무리 멋진 모습을 보여줘도
도무지 경탄하지 못하는 사람들이 있다.
그들의 좋은 점을 발견하지 못하기 때문이다.
경탄은 곧 자신의 사람 보는 안목을 증명한다.
그가 경탄하는 대상의 수준이
바로 그 사람의 현재 수준이다.

3
September

바라만 봐도 좋은 인생은
좋은 마음으로 사는 사람만이 만들 수 있다.
몸과 마음 그리고 주변의 평화를 원한다면
자꾸만 더 좋은 것을 마음에 담고
더 좋은 것을 바라보자.

27

April

삶을 풍요롭게 만드는 최고의 여행은
먼 곳으로 떠나는 몸의 이동에 있지 않다.
세상에서 가장 아름다운 여행은
마음을 움직이는 것이기 때문이다.
여행이란 내면에서 이루어지는 것이다.

예쁜 말은 배우지 않아도

굳이 의식하지 않아도 할 수 있다.

상대의 예쁜 미소를 그리며 말하면 되니까.

어제보다 오늘 조금 더 예쁘게 말하자.

그건 스스로 삶이라는 정원에

영원히 시들지 않는 꽃을 심는 일이니까.

얼마든지 예쁜 언어를 사용할 수 있는데
굳이 못된 언어로 타인의 마음을
밀어붙여 무언가를 얻었다면
그도 결국 모든 것을 잃게 될 것이다.
한마디라도 따뜻하고 예쁜 말을 전하자.
예쁜 언어가 좋은 마음을 만들고,
우리가 살아갈 좋은 세상을 만든다.

1

September

당신과 함께 있을 때

스마트폰을 열어보지 않는 사람을 만나라.

그는 스마트폰을 여는 일보다

당신의 마음을 여는 일에

더 큰 가치를 두고 있는 사람이니까.

내 삶은 빛나는 축제다.

스스로 그것을 허락했으니까.

나는 행복에 둘러싸여 살고 있다.

내 삶에 근사한 마음을 선물했으니까.

내게는 언제나 좋은 소식만 가득하다.

내게 가장 값진 것을 불렀으니까.

나는 내가 그토록 원하던 나다.

September **균형**

몸과 마음의 균형을 맞추는 시간

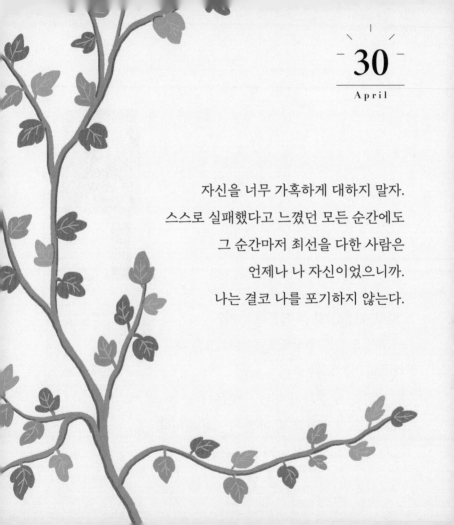

자신을 너무 가혹하게 대하지 말자.
스스로 실패했다고 느꼈던 모든 순간에도
그 순간마저 최선을 다한 사람은
언제나 나 자신이었으니까.
나는 결코 나를 포기하지 않는다.

31

August

"이렇게 멋진 걸 왜 모르는 거지?"
아무리 좋다고 추천해도 소용이 없는 것은
대상의 가치와 수준이
그 대상 안에 존재하지 않기 때문이다.
가치는 그걸 알아볼 줄 아는 자만의 것이다.
그것이 바로 경탄하는 자만의 특권이다.

May **의식 수준**

세상을 바라보는 의식 수준을 높이는 시간

30

August

늘 새롭게 무언가를 발견하고 싶다면,

어떤 상황에서든지

예쁘게 말할 줄 아는 사람이 되어야 하고,

어떤 사물을 바라보아도

늘 좋은 것을 발견할 수 있어야 한다.

1

M a y

인간은 대부분 비슷비슷한 의식 수준을 갖고 태어난다.
하지만 운동을 하면 근육이 커지는 것처럼
의식을 자주 자극하면 그 힘도 강해진다.
가능한 한 좋은 언어를 사용해라.
그리고 보기만 해도 행복해지는 사람 곁에
오래 머물러라.

결정적인 순간에 주변을 돌아보면
남은 사람이 별로 없다.
이미 실패했다고 생각하고
다 떠나버렸기 때문이다.
떠나지 않고 남는 것만으로도
승자가 될 수 있다.

자신의 한계를 극복하려면
끊임없이 질문을 해야 한다.
만약 자기보다 나은 사람에게 질문하는 것을
부끄럽게 생각한다면,
이는 죽을 때까지 편협하고 무식한 틀 속에
자신을 가두는 것과 같다.

천재는 99 %의 노력과 1 %의 영감으로 만들어진다.

이것은 1 %의 영감, 즉 경탄할 수 없다면

어떤 노력도 소용이 없다는 의미이다.

먼저 삶의 순간순간에 자주 경탄하라.

그러면 노력이라는 과정을 통해 뭐든 이룰 수 있다.

3

May

'함께 그러나 혼자'.

이 넓은 세상에 무수히 많은 사람과 함께 존재하지만,

몸과 내면을 분리해서 혼자를 즐길 수 있는 사람,

자신이 언제 웃고 어디에서 행복한지 아는 사람,

사랑할 때 어떤 표정인지 거울보다 잘 아는 사람,

그런 사람이 둘이 될 때 삶은 더 근사하게 빛이 난다.

27

August

우리는 자기 내면에 있는 것만
타인의 삶에서 발견할 수 있다.
누군가를 향한 비난은 결국 자신에게 돌아오며
동시에 자신의 치부를 드러내는 일임을 잊지 말자.

4

May

세상에 가장 나쁜 배신은

바로 소중한 자신을 속이는 일이다.

억지로 좋은 표정을 짓거나

힘든 상황에서 웃을 필요는 없다.

의식의 흐름을 거스르는 삶에서 벗어나서

그대 자신의 감정에 충실하라.

26

August

석공이 아름다운 작품을 만들기 위해
날카롭고 강인한 칼로 돌을 깎는 것처럼
고통이라는 칼에 그대의 삶을 맡겨라.
과거의 고통이 오늘의 그대를 구원할 것이다.

세상에는 재능을 타고난 아이가 있고,
교육을 통해 배워서 아는 아이도 있다.
그런데 가장 뛰어난 아이는
스스로 경험해서 깨달은 아이다.
자기 몸과 마음을 스스로 움직여서 배울 때
아이의 눈과 마음은 가장 위대해진다.

센스는 모든 능력의 시작이다.

눈치와 감각이 없으면

무엇을 배워도 활용할 수 없으며,

무엇을 보고 들어도 경탄할 수 없다.

센스를 키우려면 주변 사람과 자신의 일,

보이는 모든 것을 사랑해야 한다.

6

May

주변의 사랑을 아무리 많이 받아도
정작 자기 자신을 사랑할 수 없는 사람은
결국 사랑 때문에 아프고 슬픈 인생을 살게 된다.
모든 인생은 사랑의 가치를 깨우치는
세상에서 가장 긴 수업이다.

"세상은 왜 날 알아주지 않는 거야?"
이렇게 말하는 사람들의 공통점은
바로 독서를 제대로 하지 않는다는 데 있다.
글을 제대로 읽을 수 없는 사람은
글이 모여 탄생한 세상도 제대로 읽지 못한다.
글을 읽지 않으면 세상도 읽히지 않는다.

주변을 둘러보면 같은 일을 경험해도

꼭 나쁜 언어로 이야기를 전하는 사람들이 있다.

그런 이야기를 들으면 부정적인 기운을 받게 되고,

다른 사람보다 결과도 좋지 않을 수 있다.

희망의 언어를 자주 사용하라.

굳이 자신에게 불행을 선물로 줄 필요는 없다.

23

August

일이 잘 풀리지 않을 땐
쓸 돈이 없어서 서럽고,
일이 잘 풀릴 땐 건강이 좋지 않아서
돈을 쓸 수 없어 슬프다.
우리 삶은 기쁨과 슬픔이
치열하게 교차하며 엇박자를 이룬다.
지금 누릴 수 있는 행복을 눈에 담고,
지금 만날 수 있는 사랑을 가슴에 담고 살자.

부모는 많이 아는 사람이 아니라
자주 안아 주는 사람이다.
많은 지식을 전하는 사람이 아니라
뜨거운 사랑을 전하는 사람이다.
많은 세상을 보여주는 사람이 아니라
깊은 내면을 보여주는 사람이다.
원하는 것을 시키는 사람이 아니라
원하는 모습을 향해 달려가는 사람이다.

성장을 위해서는
시대와 환경의 역할도 중요하지만,
대부분은 자신에게 주어진 일상이라는 귀한 재료를
어떤 언어로 녹여낼 것인가가 좌우한다.

나날이 의식이 높아지는 아름다운 일상을 살고 싶다면,

다음 다섯 가지 질문을 자신에게 자주 던져 보는 것이 좋다.

"나는 무엇을 가장 하고 싶은가?"

"어떤 것을 생각하면 만족스러운가?"

"살면서 가장 행복했던 순간은 언제였는가?"

"누구의 손을 잡고 마지막을 장식하고 싶은가?"

"나를 행복하게 해주는 일은 무엇인가?"

모든 사람은 다이아몬드 원석과 같다.

갈고닦으면 누구나 찬란히 빛나기 마련이다.

중요한 것은 어디를 닦아야 빛이 날지

그 지점을 발견하는 일이다.

자신의 가치가 어디에 있는지 늘 탐색하라.

그리고 자신의 삶에 경탄하는 일상을 보내라.

사람들이 실패하고 좌절하는 것은
아직 오지도 않은 미래에 대한
불필요한 두려움을 갖기 때문이다.
지금 이 순간에 집중하라.
지금 생각해야 할 것과
지금 해결해야 할 것에만 몰입하라.

지금도 세상은 우리에게 기적을 말하고 있다.
그러나 그것을 듣거나 읽지 못하는 이유는
아는 만큼 들을 수 있고 읽을 수 있기 때문이다.
당신이 보고 듣는 것이 곧 당신의 수준이다.

몸에 좋은 음식을 제공하면
몸이 건강해지는 것처럼,
내면과 영혼을 건강하게 만들고 싶다면
좋은 대화를 통해 지적인 언어를 내면에 담아야 한다.
좋은 사람과 좋은 대화를 자주 나누자.
그것이 바로 인간에게 주어진 최고의 특권이다.

좋은 기회일수록 허름한 옷차림에
남루한 모습으로 찾아온다.
좋은 기회는 경탄할 줄 아는 사람을 좋아해서
그 가치를 발견할 수 있는
안목을 가진 사람에게만 안기기 때문이다.

12

May

집중보다 중요한 것은 현명한 선택이다.

집중이란 현명한 선택을 한 사람에게

저절로 따라오는 선물이다.

욕망이 없다면 창조도 없다.

창조는 욕망이 이끈 결과이기 때문이다.

아무것도 해내지 못하는 사람에게는

아무런 욕망도 존재하지 않는다.

다만, 아름답게 욕망하라.

13

May

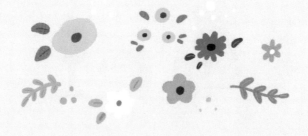

당신의 가치를 세상에 전하고 싶다면,
세상의 기준과 타인의 가치에 얽매이지 마라.
어떤 힘든 상황에서도 자신이 생각하는
당신의 가치를 당당하게 요구하라.

August

어떤 것이 당신의 계획대로 되지 않는다고,
그것이 불필요한 것은 아니다.
조금씩 필요해지는 과정일 수도 있고,
성공으로 가는 시행착오 중 하나일 수도 있다.
세상에 쓸모없는 과정은 없다.

이해는 마음의 산책이다.
몸과 마찬가지로
마음도 자꾸만 움직여야
좋은 상태를 유지할 수 있다.
상대에게 다가가려고
정성을 다해 노력하지 않으면,
이해라는 대지에 닿을 수 없다.

16

August

거친 물살을 실제로 거슬러 헤엄쳐본 사람만이
물살의 힘이 어떤지 누군가에게 말해줄 수 있다.
도움이 될 조언을 듣고 싶다면,
먼저 그 말을 할 자격이 있는 사람을 찾아라.
사람을 보는 안목은 도움을 구하는 자에게 더 필요하다.

초대장을 받고 세상에 태어난 사람은 없다.

삶의 모든 순간

누군가의 초대를 바라지 말고,

스스로 시작하고 스스로 끝내라.

삶의 한가운데에 그대 자신을 스스로 초대하라.

15

August

가까운 곳은 지식으로 볼 수 있지만
기적은 언제나 저 멀리에 있어
그걸 발견할 지혜가 있어야 한다.
삶의 기적은 지혜를 가진 자의 몫이다.

중요한 건 언제나 마음이다.
할 수 있다고 생각하면 할 수 있고,
가능하다고 믿으면 가능하다.
불가능이라는 허상에
자신의 가능성을 허비하지 마라.
당신만 굳게 믿어준다면,
마음은 한계를 모른다.

사람들이 원하지 않는 것을 창조하지 마라.
스스로 아무리 멋지다고 해도
사람들이 쓸모를 느끼지 못하면
아무런 소용이 없다.
늘 쓸모를 먼저 고려하고
어떤 가치를 줄 수 있는지 깊이 생각하라.

May

사람들은 타인을 향한 배려와 예우를 강조하지만
중요한 것은 타인을 대하는 태도가 아닌,
자신을 대하는 태도이다.
자신을 가장 아름답게 대하는 사람만이
타인에게도 아름다움을 전할 수 있다.

최고의 경탄은 고독 안에서 이루어지고,

최악의 생각은 혼란 속에서 나온다.

무리에서 벗어나 혼자가 되어라.

우리에게 필요한 것은 혼란한 바깥이 아닌

고요한 내면이다.

당신의 내면에서 나오는 소리가 아니라면
그것은 잡음이니 모두 거부하라.
내면의 소리가 잡음에 지워지지 않도록
매일 아침 자신에게 질문하라.
"이것은 진정으로 내가 원하는 것인가?"

경탄하지 못한다는 것은 상대의 이야기를
경청하지 못한다는 증거이다.
모든 사람에게는 경탄할 부분이 있고,
상대의 이야기를 경청해서 들었다면,
분명 경탄할 이유를 찾아냈을 것이다.

들기 좋은 말을 의도적으로
자주 하는 사람도 좋지 않지만,
아예 한마디도 하지 못하는 사람도 위험하다.
최악의 인간은 의도적으로
듣기 좋은 말만 내뱉는 사람이 아니라,
듣기 좋은 말을 한마디도 못하는 센스 없는 사람이다.

창의성은 없는 것을 발견하는 것이 아니라,
이미 세상에 존재하는 서로 다른 것을
하나로 새롭게 연결하는 것이다.
경탄을 반복하는 일상을 통해 우리는
서로 다른 것을 가장 아름답게 연결할 수 있다.

20

May

당신의 생각을 다른 사람의 생각과
비교하면서 살지 마라.
그것은 어리석게도 스스로
자신의 생각을 모욕하는 행위다.

죽음을 앞둔 사람들이
가장 많이 후회하는 것은
살기 위해 애쓴 자신을
제대로 사랑하지 못했다는 사실이다.
매일 낯선 길을 떠나는
자신을 배웅하는 마음으로 살자.
나만 나를 나로 사랑할 수 있다.

운이 좋다고 생각되는 사람이 있다.

그들은 삶의 순간순간에

최고의 운을 용돈처럼 받는다.

하지만 그건 결코 운이 아니다.

삶의 순간순간 불안이라는 대지에 심었던

용기라는 씨앗이 꽃핀 것이기 때문이다.

용기가 없으면 좋은 결과도 기대할 수 없다.

힘들고 지칠 때마다 꽃을 심듯 용기를 심자.

이전에는 볼 수 없었던 것을 발견하게 될 때
우리는 그 광경에 매혹당하며
자신의 세계를 잊는다.
또 하나의 세계가 탄생하는 순간이다.
성장을 추구하는 한 경탄하고,
경탄하기 위해서 존재한다.

세상의 지식을 많이 아는 사람이 아닌,
자신에 대해서 많이 아는 사람이 되자.
음악과 시, 그림과 아름다운 예술이
그대 자신을 더 잘 알게 도와줄 것이며,
내면이라는 깊은 강에 아름다움을 더할 것이다.

8

August

한 사람의 성장은

결국 그가 경탄했던 사람과

그를 경탄하게 만든 사람의 합으로 완성된다.

아름답게 성장하려면 더 사랑하라.

사랑하는 사람은 경탄을 멈추지 않는다.

23

May

사람에게는 각자 맞는 사람과 공간이 있다.
어떤 사람들과 공간은
당신을 사소한 사람으로 만들지만,
어떤 사람들과 공간에서는
당신이 전부가 되기도 한다.
당신이 더 소중해지는 곳으로 가라.

SNS를 하는 것이 시간 낭비라고 말하는 사람이 있다.
하지만 마음을 담아 좋은 글을 남기는 사람은 다르다.
그들에게 SNS를 하는 일은 시간 낭비가 아니라,
공들인 시간을 자기 삶에 남기는 일이다.

세상을 긍정적으로 바라볼 줄 모르면
아무리 좋은 음식을 배부르게 먹어도
매일 죽어가는 것과 다르지 않다.

뭐든 선뜻 시작하지 못하는 이유는

내가 할 수 없는 것을 자꾸만 해내려고 하기 때문이다.

세상에 할 수 없는 것을 해낼 수 있는 사람은 없다.

언제나 순서를 지켜야 성장할 수 있다.

우선 지금 할 수 있는 것을 지금 하라.

열정은 뜨겁지만 미숙한 자는
가르침을 받는 것보다 강한 자극을 받기 원하고,
열정은 식었지만 노련한 자는
자극을 받는 것보다
깊은 가르침을 받기 원한다.
서로 틀린 게 아니라
그때그때 필요한 게 다른 것뿐이다.

인간은 가장 아름다운 것을 바라보는 순간

자신이라는 존재를 순간적으로 잊고

다른 존재에 깊이 빠져들 수 있다.

그게 바로 경탄의 순간이다.

우리는 누구에게도 배울 수 없는

가장 황홀한 지식을 경탄을 통해 가질 수 있다.

당신이 실수하고 실패할 때도

변함없이 안아주며 사랑하는 사람이

진정한 당신의 영혼의 스승이다.

설령 그가 당신의 학생이라 할지라도.

4
August

세상의 모든 꽃이 동시에 피어나지 않는 것처럼
모든 사람에게 기적이 동시에 일어나지는 않는다.
당신에게는 당신만의 때가 있다.
지금 자신의 눈으로 세상을 보고 있다면
삶의 모든 기적은 당신의 것이다.

일에 집중하는 동안 시간은 잊어라.

당신의 일이 곧 당신의 시간이 되게 하라.

세상이 정한 시간이 아닌

당신의 일이 정한 일정을 따라 움직여라.

나의 시간은 세상의 시간과 다르게 움직인다.

배우지 않는 사람은 뛰지 않는 심장과 같고,
쓰지 않는 지식은 차가운 불꽃과 같다.
살아 있다면 뭐든 배워야 하고,
배웠다면 반드시 일상에서 활용해야 한다.
꿈이 없는 자의 모든 시작이 허무하듯
의지가 없는 지성은 그 가치를 해친다.

세상 모두가 근거 없는 자신감이라고 말해도 괜찮다.

실력보다 중요한 건 끝까지 자신을 믿는 마음이다.

무언가를 정말로 이루고 싶다면 이렇게 확언하자.

나는 다 잘할 수 있다.

세상에서 딱 한 사람만 잘할 수 있다면

그건 두말할 필요 없이 바로 나다.

뭐든 시작하면 일가를 이루는 사람들이
자주 내뱉는 말버릇이 있다.
'언젠가'라는 말을 '6개월'이라고
'경제적 자유'라는 말을 '10억'이라고
구체적으로 표현한다.
말버릇이 구체적일수록, 다가올 미래도 선명해진다.

사람은 자기 능력에 맞는 시련을 겪는다.

더 큰 세상으로 갈 자격은

더 큰 벽을 넘은 사람에게 주어진다.

시련이 크다면 신이 당신에게

근사한 세상을 허락한 것이며,

평소보다 힘겹다는 것은

목적지에 가까워졌다는 증거다.

1

August

경탄은 삶의 순간순간 느닷없이 찾아오는
인간이 가진 가장 위대한 지적 감동이다.
놀라운 순간을 자주 맞이하려면
원하면 뭐든 볼 수 있다는 것을 명심하라.
경탄은 자신의 가치를 믿는 신념에서 시작한다.

자신을 방어하기 위한 정의에서 벗어나
일상에서 추구하는 도덕을 가슴에 담자.
세계의 평화를 위해 기도하기 전에
오늘도 자신을 가장 먼저 생각하며 사랑하라.
그대가 만난 가장 신비로운 행운은
그대라는 세계임을 기억하라.

August **경탄**

삶 의 목 적 을 바 로 세 우 는 경 탄 의 시 간

당신이 시작하고 당신이 끝낸 일이라면,
모두의 손가락질을 받는 엄청난 실패마저도
스스로의 의식을 향상시킬 최고의 보상이다.
그 실패의 소유자가 바로 당신이니까.

누군가를 아프게 하면서 성공하는 것보다

누군가를 안아주며 실패하는 게 낫다.

사람을 진실로 품에 안아본 사람이라면

그 이유를 굳이 설명하지 않아도 알 것이고,

단 한 번도 그런 적 없는 사람은

아무리 설명해도 이해하지 못할 것이다.

세상에는 해봐야만 알게 되는 게 있고,

그런 것들을 통해 우리 삶은 더욱 농밀해진다.

June 틀

허둥지둥 보내는 하루의 틀을 잡아 주는 시간

30
July

질투와 원망으로는 사람의 마음을 움직일 수 없다.

진정 무언가를 원한다면 이성적으로 접근해라.

아무리 떼를 써도 상황은 달라지지 않는다.

떼는 언어가 아니기 때문이다.

1

June

그대를 가장 어둡게 한 일이
그대를 가장 빛나게 하고,
그대를 가장 억압한 일이
그대를 가장 자유롭게 한다.

결코 젊음만 소중한 것이 아니다.
시간이 삶을 정면으로 관통해야만 깨닫는
노년에만 누릴 수 있는 가치가 있다.
언제나 단 하루도 그냥 보내지 말고
기품이 깃든 마음으로 일상에 몰입하자.

일상에서 무언가를 느낄 때마다

그냥 스쳐 지나가지 말고,

자신에게 질문해보라.

"어떻게 하면 언어로 표현할 수 있을까?"

"내 감정을 어떻게 해야 전할 수 있을까?"

느낀 것은 모두의 것이지만,

그것을 표현하면 나만의 것이 된다.

보고, 느끼고, 표현하라.

28

July

내게 미움이 가득하면
미움이 가득한 사람이 오고,
내게 사랑이 가득하면
사랑이 가득한 사람이 온다.

3

June

주변에서 나는 모든 소리를
굳이 주의 깊게 들을 필요는 없다.
지성을 빛낼 진정한 경청은
무작정 모두 다 듣는 것이 아니라,
들어야 할 말에 귀를 기울이는 것이다.

4

June

세상 모든 일이 다 중요한 것은 아니다.

모든 것에 최선을 다하는 자는,

무엇이 중요한지 모르는 사람일 수도 있다.

그대는 죽기 전에 무엇을 남기고 싶은가?

돈, 성공, 명예, 지위?

그저 사랑만 남기고 가라.

그대가 사랑한 것들이

그대를 기억할 수 있도록.

게으른 사람이 되는 것을 두려워하지 마라.
때로 우리는 게으른 사람으로 살기 위해서,
일을 이전보다 더 쉽게 처리할 수 있는 방법과
동시에 다양한 일을 해내는 방법을 찾기 때문이다.
모든 상황에서 좋은 부분을 찾아라.
세상에 무조건 나쁜 경우는 없다.

사과는 단어와 단어의 연결이 아닌
마음과 진실성의 조합이어야 한다.
사과를 할 때도 자신의 기품을
전할 수 있어야 한다.

6

June

일상은 우리가 가진 최고의 무기다.
좀더 편안하고 풍족한 삶을 살고 싶다면
하루하루가 쌓여 커다란 변화를 이룬다는
귀중한 사실을 잠시도 잊지 말아야 한다.

할 수 있다고 생각하는 사람은 할 수 있다.

빛난다고 믿는 사람은 빛날 수 있다.

그게 무엇이든 당신은 할 수 있다.

7

June

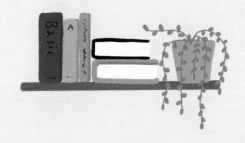

늘 즐겁게 살아라.

이룬 것을 보며 기뻐하라.

자신이 선택한 일을 사랑하라.

어떤 슬픔과 고통도 당신의 삶을 멈출 수는 없다.

기품은 치장으로는 닿을 수 없는
귀한 것들이 녹아 잠든
하나의 세계이다.
기품은 보여주는 것이 아니라
스스로 자신을 완성하는 것이다.

8

June

아침에 원하는 미래를 생각할 수 있다면
하루를 나의 것으로 만들 수 있다.
완벽한 아침이 완벽한 하루를 만든다.

사람을 알아가는 과정에서
서로를 알아주는 것보다 더 값진 것은 없고,
서로를 감동시키는 것보다 더 즐거운 것은 없다.
공감할 수 없다면 공존할 수 없다.

만약 네가 주식이라면, 너는 너를 살 것인가?
네가 책이라면, 너는 너를 읽을 것인가?
미래가 기대되지 않는 주식을,
배울 것이 없는 책을 선택하는 사람은 없다.
나조차 선택하지 못하는 나를,
대체 누가 기대하고 기회를 주기를 바라는가?
스스로를 선택할 수 있는 일상을 보내라.

누군가를 미워하지 마라.

누구나 때때로 작은 죄를 짓고

매일 도덕적으로 사는 것도 쉽지 않다.

무엇보다 자신을 위해 타인을 미워하지 마라.

모든 미움은 자신에게 돌아온다.

그것도 던진 것보다 더 크고 단단한 형태로.

지금 그대 삶에 부는 바람과

멈추지 않을 것처럼 쏟아지는 폭우,

그리고 모든 가능성을 마르게 할 뜨거운 햇살도

결국 그대를 완성할 좋은 재료들이다.

그러니 흔들리지 말고 당당하게 하늘을 보라.

남의 어려움을 알고 도와준다면,

그는 인간의 가치를 아는 좋은 사람이다.

거짓을 싫어하고 진실을 추구한다면,

인간의 가치에 지혜까지 갖춘 사람이다.

인간의 품격은 고귀한 희생과 헌신을 통해

매일매일 조금씩 높아져 자신의 가치를 보여준다.

당신이 이룬 작은 성과 하나까지도
그것이 없는 사람에게 자랑하지 마라.
내면에 조용히 간직하며
그것들이 스스로 떠올라 빛을 발할 때를 기다려라.
기다리면 누구에게든 빛나는 순간이 찾아온다.

당당한 자는 누군가 자신을 낮춰도 분노하지 않고,
애써 상대를 비난하며 자신을 올리지도 않는다.
당당함은 고개를 숙여도 흘러나오는 기품에 있다.

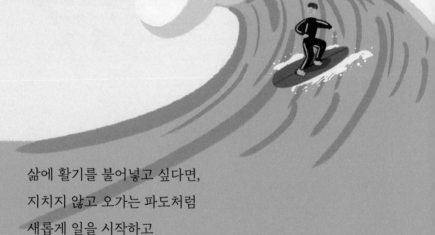

삶에 활기를 불어넣고 싶다면,
지치지 않고 오가는 파도처럼
새롭게 일을 시작하고
어린아이를 보살피듯이
자신의 입을 보살펴야 한다.

12

June

자기 삶의 고독을 정면으로 바라보자.

혼자가 외롭고 힘들어서 선택한 둘은 쉽게 망가진다.

둘의 관계를 든든하게 이어주는 것은

둘이 함께 보낸 시간이 아니라,

혼자를 견딘 시간의 합이기 때문이다.

18

July

우리에게 주어진 하루는

그날 '하늘의 날씨'가 아니라,

'내면의 날씨'가 결정한다.

세상에는 4가지 일이 존재한다.

1. 당장, 반드시 해야 할 것.

2. 해도 좋고, 안 해도 괜찮은 것.

3. 굳이, 내가 할 필요가 없는 것.

4. 절대로, 하면 안 되는 것.

이제 우리는 무엇을 해야할지 이미 알고 있다.

좋은 말은 생각에서 나오고,

더 좋은 말은 더 많은 생각에서 나온다.

상대에게 좋은 느낌을 전해주고 싶다면,

당장 느낀 것을 말하기보다는

시간을 두고 조금이라도

더 생각해야 한다.

지나가는 인연은 지나가게 두어라.
억지로 세운다고 멈출 수 있는 것이 아니니
놓아야 할 인연은 과감히 스치자.
그대가 정작 찾아가야 할 곳은
스친 인연의 그림자가 아니라
그대 자신의 내면이다.
그대 중심에 서서 살아라.

16

July

진리를 추구하며 그날의 요구에 귀를 기울이면
우리는 내면의 무게를 늘리고
어떤 세찬 바람에도 흔들리지 않는
평온한 자신을 완성할 수 있다.
그대여, 늘 평온한 마음을 유지하라.
그것이 스스로에게 주는 가장 근사한 선물이다.

15

June

오늘 주어지는 이 고통마저도,
내가 살아 숨쉬기 때문에 느낄 수 있는
소중한 삶의 기쁨이라는 사실을 기억하자.
그게 바로 오늘도 고마운 마음으로,
현재를 충실하게 살아야 할 모든 이유다.

15

July

고마운 사람에게 인사하고,

자신의 실수에 고개 숙이고,

상대의 말을 마음을 다해 듣는 사람은

인간이 지녀야 할 품위와 가치를 가진 사람이다.

기품은 그 사람만 아는 내면의 언어로,

이 세 가지 원칙이 그대를 기품의 세계로 안내할 것이다.

스스로 즐겁게 일할 수 있으며
일에서 행복을 발견할 줄 아는 사람은
일이 줄 수 없는 행복까지 즐길 수 있다.
세상이 내게 주지 않는다면
내가 내게 주면 된다.

14

July

고생 하나 없이 사는 인생도 좋지만
한순간도 편안하게 살지 못했던 사람이라도
그 좁은 인생의 길을 오늘도 걷는 모습을 보면,
우리는 한 사람이 품을 수 있는 인간의 기품을 보게 된다.

"나는 나를 사랑한다."
"누가 뭐라고 해도 나는 내 가능성을 믿는다."
누구보다 소중한 그대 자신에게
세상에서 가장 예쁜 말을 들려주는 하루를 보내라.
'나'라는 찬란한 기적을 오늘 더 사랑하라.

좋은 소재가 아님에도 스스로 빛을 내며
그것을 입은 사람의 주변까지 밝히는 옷이 있다.
얼룩과 찢어진 곳까지도 근사한 디자인으로 보이는,
눈을 감아도 보이고 코를 막아도 향기가 느껴지는.
모든 인간은 인생의 전반기에
자신이 후반기에 입고 살아갈 옷을 하나 만든다.
그 옷이 그 사람의 기품을 보여준다.

18

June

신념을 추구하며 지키는 근사한 삶은
아무리 많은 돈을 줘도 살 수 없다.
또한 그것들은 쉽게 사라지지 않고
오랫동안 기억에 남아 그 사람의 삶을 빛낸다.
신념이라는 꽃은 계절이 바뀌어도 지지 않는다.

12

July

힘들어도 자신의 품위를 지키며
스스로의 가치를 높인 자에게만
세상의 모든 운이 웃으며 달려가 안긴다.

그대여,

누군가의 참견에 멈추지 말고

곧 만날 미래를 바라보며 꾸준히 정진하라.

비난은 그대의 수준이 아닌,

비난을 말한 자의 낮은 수준을 말할 뿐이다.

예의와 노력을 포기할 수 없는 가치로 삼자.

타인의 고개를 숙이게 하긴 힘들지만

나의 고개는 언제든 숙일 수 있으며,

운을 억지로 끌어들이는 것은 힘들지만

노력으로 언제든지 원하는 것을 얻을 수 있다.

20

June

인간으로 하여금 동물의 세계에서 벗어나

짐작할 수 없는 미지의 공간까지 도달하게 만드나니,

독서야말로 인간이 끝없이 갈망해야 할 지적 도구다.

10

July

돈과 높은 지위를 얻는 일에는
막대한 운의 도움이 필요하다.
하지만 기품은 조금의 행운도 존재할 수 없는
세상에서 가장 거짓 없는 공간이다.
억지로 꾸밀 수 없으며
그 힘을 억지로 막을 수도 없다.

쓸데없는 욕망을 절반으로 줄일 수만 있다면,
당신은 자신의 성공 가능성을 두 배로 높일 수 있다.
자신의 욕망을 제어하고 꼭 필요한 일을 할 때
인간은 자신의 힘을 모두 발휘할 수 있다.

어려움 속에서도 용기를 잃지 않으려면
흔들리지 않는 고상한 기품이 필요하다.
먼저 자신의 가치를 발견하라.
자신의 가치를 잘 아는 사람은
올바른 길에서 벗어나지 않고,
가장 우아한 모습으로
주어진 일을 멋지게 해내는 사람이다.

22

June

몸과 마음이 힘들 때는 아무것도 하지 않는 것도 용기다.

멈춰야 할 때 웃으며 멈출 줄 아는 사람이,

달려야 할 때 더 근사한 모습으로 뛸 수 있다.

너무 힘들면 당분간은 아무것도 생각하지 말자.

흐르는 시간에 편안하게 나를 맡기자.

나만 나를 안아줄 수 있다는 사실을 기억하자.

내면에 기품이 자리 잡게 되면,
볼품없다고 느껴지는 사람을 대할 때조차도
태도에서 기품의 깊이를 느낄 수 있다.
기품 있는 존재는 어둠 속에서도 빛나고,
삭막한 곳에서도 고상한 가치를 보여준다.

한번 무시당한 것은 기분 탓일 수도 있지만
반복되면 상대가 작정한 것일 수 있다.
한번 준 상처는 우연일 수도 있지만
반복되면 상대의 나쁜 전략일 수 있다.
사람에게 최대한 기회를 주는 것도 좋지만
나쁜 예감은 조만간 현실이 되니,
최대한 빠르게 벗어나는 게 좋다.

7

July

누군가를 '평가할 일'과 '축하할 일'이 있다면
감정을 상하게 만드는 평가는 지우고,
축하하는 마음만 전하는 게 좋다.
당신 또한 늘 좋은 것만 기억하고
가장 소중한 것만 허락하라.
당신은 이미 그걸 받을 가치가 충분하다.

사람들에게 문제를 해결할 방법을 알려주면
당장 움직여서 문제를 해결할 것 같지만,
실제로 움직이는 사람은 10%도 되지 않는다.
이것은 당신에게 최고의 기회다.
움직이기만 하면 10% 안에 들어갈 수 있으니
실행이 곧 기적이다.

어떤 이의 농담은 듣기에 거북하고,

어떤 이의 농담은 기품이 넘친다.

농담 한마디에도

지금까지 살아온 인생 전부가 녹아 있다.

25

June

아픈 마음을 추스리고 고통을 잠재울
유일한 방법은 다시 시작하는 것뿐이다.
처음으로 돌아가면 이전에는 몰랐던
새로운 길이 보이는 법이다.
시작은 인간이 분투하는
자신에게 줄 수 있는 최고의 위안이다.

5
July

기품은 먼저 지식과 경험을 쌓고
내면에서 오랫동안 숙성한 후에야
비로소 그 숭고한 가치를 발한다.
고귀한 지식과 경험을 갖춘
기품이 흐르는 사람이 되려면
고독한 침묵의 시간이 필요하다.

우리는 모두 자신에게 피드백을 줄
가장 진실한 파트너가 필요하다.
그 역할을 대신해 주는 것이
바로 실수와 실패다.

4

July

우리는 얼마든지 스스로를 바꿀 수 있고
또 세상에 멋진 영향을 끼칠 수 있다.
그 위대한 사실을 알면
누구든 내면에 잠든 기품을 깨워
이전과 전혀 다른 삶을 살게 될 것이다.
기품은 누구와도 싸우지 않으면서
늘 삶을 승리로 이끈다.

가는 말을 곱게 했다고

오는 말도 좋을 거라는 생각은

자신에게 별로 도움이 되지 않는다.

타인의 반응은 그 사람만의 것이기 때문이다.

오히려 가는 말을 곱게 했다는

그 사실 하나로 만족하는 게 현명하다.

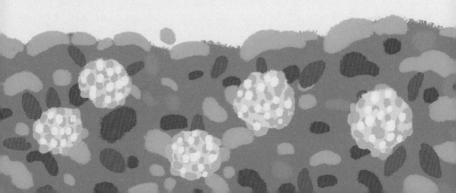

내면의 깊이가 곧 대화의 깊이를 결정한다.
중요한 것은 바로 탄탄한 내면이다.
자신을 실제보다 훨씬 부풀려 포장하는 것도 나쁘지만
자신의 능력과 실력을 낮게 측정해서
과소평가하는 것은 더 불행한 일이다.
과대평가하는 마음과 과소평가하는 마음은
결국 나약한 내면에서 나온다.

누구든 자다가도 벌떡 일어나게 만드는
나쁜 일 하나씩은 가슴에 품고 살고 있다.
완벽히 잊지 않으면 견디지 못하는 것들을
굳이 가슴에 안고 살아갈 필요는 없다.
좋은 것만 남기고 다 버리자.
그것은 자신에게 최고의 지혜를 선물하는 일과 같다.
자신에게 행복과 기쁨만 허락하자.

매일 매력적인 자신이 되도록 노력하라.

기적도 매력적인 사람에게는 관대하다.

매력은 사라지지 않는 자본이다.

재테크든 일이든 그것의 보상이

주어지기 전에 그 일을 시작하는 게 핵심이다.

그리고 무엇보다 가치를 알아보는 안목이 중요하다.

가치를 아는 사람은 언제나

보상보다 빠르게 움직인다.

1

July

무례한 사람을 향한 가장 좋은 복수는

최대한 정중하게 대하는 것이다.

어떤 무례함도 정중함을 이길 수 없다는 사실을

그에 맞는 기품 있는 행동과 언어로 보여줘라.

싸우지 말고, 가치를 깨닫게 하라.

30

June

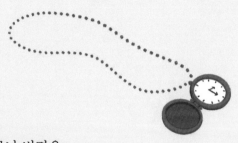

가장 어리석고 못난 변명은
'시간이 없어서'라는 변명이다.
시간은 누구에게나 자신을
공평하게 허락하기 때문이다.
시간이 없다는 변명은
자신이 시간을 제대로 활용하지 못하는
무능한 사람이라고 외치는 것과 같다.

July 기품

살아가는 모든 순간을 기품 있게 바꾸는 시간